# 《中华通韵》
# 解读

ZHONGHUA TONGYUN JIEDU

路伟 编著

中国教育出版传媒集团 语文出版社

· 北京 ·

**图书在版编目（ＣＩＰ）数据**

《中华通韵》解读 / 路伟编著. -- 北京 ：语文出
版社，2024.1
ISBN 978-7-5187-1692-0

Ⅰ. ①中… Ⅱ. ①路… Ⅲ. ①韵书－中国 Ⅳ.
①H11

中国国家版本馆CIP数据核字(2023)第243945号

---

责任编辑　梁　蕊
装帧设计　刘姗姗
出　　版　语文出版社
地　　址　北京市东城区朝阳门内南小街51号　　100010
电子信箱　ywcbsywp@163.com
排　　版　华艺世纪缘科技发展有限公司
印刷装订　北京市科星印刷有限责任公司
发　　行　语文出版社　新华书店经销
规　　格　890mm×1240mm
开　　本　A5
印　　张　3.25
字　　数　93千字
版　　次　2024年1月第1版
印　　次　2024年1月第1次印刷
定　　价　18.00元

☎ 010-65253954(咨询) 010-65251033(购书) 010-65250075(印装质量)

# 目　　录

1

# 第一章

# 总 论

# 一、《中华通韵》的性质与特点

　　《中华通韵》是中华人民共和国成立 70 年来由国家层面组织制定的**第一部韵书，是新中国语言体系中的一部新韵书**。中国现存的韵书，从隋朝开始，历代都有，或是由官方组织编写，或是属于私人著述。中华人民共和国成立以来，也有不同韵书问世，或是由某些组织编写，或是由专家学者个人编写。《中华通韵》则是教育部语言文字应用管理司提出，中华诗词学会起草，国家语委语言文字规范标准审定委员会审定通过，2019 年 7 月 15 日教育部、国家语委发布，2019 年 11 月 1 日起在全国试行的韵书。

　　《中华通韵》是第一部**以普通话音位系统和《汉语拼音方案》韵基系统划分韵部的新韵书**。中华人民共和国成立以来，各种韵书对韵部的确定，一方面根据诗词创作的一些实际情况确定，另一方面往往与编著者对韵的理解有关。《中华通韵》既充分考虑诗词创作实践，又严格按照普通话音位系统确定韵部。《中华通韵》的韵部系统与《汉语拼音方案》韵母表呈现的韵基系统保持高度一致。

　　《中华通韵》是**中国历史上一部最接近口语实际的韵书**。历史上各朝各代的韵书，大多与口语脱节。隋朝陆法言编写的《切韵》综合了古今（指隋朝以前和隋朝时期）语音和地方语音，唐代孙愐编写的《唐韵》与《切韵》一脉相承，宋代陈彭年、丘雍的《广韵》和丁度等人的《集韵》本质上是《切韵》的增广，金朝王文郁编写的《平水新刊礼部韵略》和南宋刘渊编写的《壬子新刊礼部韵略》（后代习称此书为《平水韵》）则是将《广韵》的"同用"部分进行合并，明朝的《洪武正韵》也兼顾一些古音。《中华通韵》则是按照普通话的语音标准编写的，是与"以北京语音为标准音，以北方话为基础方言，以典范的现代白话文著作为语法规范的现代汉民族共同语"保持高度一致的新韵书。

3

　　《中华通韵》是一部既继承传统的诗韵划分体系，又有所发展，具有创新性和时代性的新韵书。中国传统音韵学是研究古代各个历史时期语音系统及其演变的学科，特别强调的是音位系统，韵图上的每一个位置（包括空格），都与其他位置至少有一个区别特征，但《中华通韵》并不只是单纯沿用古人的具体分部，而是根据当今语音系统发生的变化对韵部进行了符合实际的调整。《中华通韵》韵部的确定，一方面具有继承性，强调韵部划分依据音位系统，另一方面又具有创新性和时代性，突破传统韵书兼顾古今语音、地方语音的做法，强调韵部划分的共时性原则，只以普通话语音作为唯一标准。

　　《中华通韵》是一部具有规范性、科学性、简明性、实用性的新韵书。《中华人民共和国宪法》第十九条规定："国家推广全国通用的普通话。"《中华人民共和国国家通用语言文字法》第二条规定："本法所称的国家通用语言文字是普通话和规范汉字。"第三条规定："国家推广普通话，推行规范汉字。"《中华通韵》是教育部、国家语委发布的国家语言文字规范标准，具有规范性。《中华通韵》以《汉语拼音方案》韵基系统为依据确立15个韵部。《汉语拼音方案》由专家们多次论证，反复修改，并经过几十年实践证明，具有很强的科学性。《中华通韵》与《汉语拼音方案》的系统一致，只要学会《汉语拼音方案》，《中华通韵》就可以无师自通，同时其语音系统也与我们现在最常用的《新华字典》《现代汉语词典》等语文工具书完全一致，简单明了。《中华通韵》不仅可以作为创作诗词时用韵的指导和参考，还可以作为方言区的人们学习普通话韵母系统的参考，具有很强的实用性。

　　《中华通韵》是一部通用于近体诗、词、曲、歌词以及其他韵文文体的新韵书。过去的韵书往往为创作一种韵文文体编写，如南宋刘渊编写的《平水韵》为近体诗创作编写，元代周德清编写的《中原音韵》为曲的创作编写，清代戈载编写的《词林正韵》为词的创作编写。《中华通韵》则是各种韵文通用的用韵规范。

## 二、《中华通韵》制定的必要性

语言文字工作具有基础性、全局性和全民性的特点，对新时代中国特色社会主义现代化建设具有重要意义。研究和制定《中华通韵》，是传承和弘扬中华优秀传统文化、加强诗词教育的迫切需求。由于语言的历史变化，当代语言的实际情况与古典诗词的平仄标准、用韵标准已经大有不同，社会需要符合时代特点的新韵书。中华诗词学会立足现代，尊重传统，面向未来，按照教育部、国家语委《国家语言文字事业"十三五"发展规划》"研究制定中华诗词新韵规范"的要求，承担编纂以国家通用语言普通话为语音基础的权威实用韵书的任务，完成了《中华通韵》的编制。

中国是一个诗歌的国度，从古老的歌谣到《诗经》《楚辞》，从唐诗、宋词到元曲，从民间说唱到文人创作，韵文创作丰富多彩。诗歌是中华民族的文化基因和精神瑰宝，押韵则是诗歌的重要特征。在诗歌以及其他各种文体的阅读中享受押韵、平仄、节奏、对仗等韵律之美，成为中国特有的文化传承现象。

中华人民共和国成立以来，以诗歌为代表的韵文创作是文学创作的重要组成部分。押韵、平仄等是韵文创作的重要手段，《中华通韵》的编制适应语言的发展变化和时代的发展变化，有助于促进韵文创作。

在不断增强文化自信的今天，人们通过各种方式接受中华优秀传统文化教育，诗词文化作为中华传统文化的重要组成部分，越来越受到青睐。一方面，人们不断接受诗词文化的熏陶；另一方面，人们也在不断进行诗词创作。无论是鉴赏诗词，还是创作诗词，都要对诗词格律有所了解。

《中华通韵》颁行以后，教育部、国家语委、中华诗词学会提倡使用通韵，但不作强制要求，而是实行双轨并行原则，作者在实际创作时可以根据各人用韵习惯，各取所需。

## 三、《中华通韵》的研制过程

《中华通韵》的研制过程大略可分为两个阶段。

第一个阶段（2015 年 10 月至 2018 年 4 月）为研制阶段，历时两年多。

2015 年 10 月教育部语言文字应用管理司到中华诗词学会调研。同年 12 月，教育部语言文字应用管理司致函中华诗词学会，委托研究制定"普通话韵（中华新韵）"，并作为国家语委"十三五"期间的一项重点工作。中华诗词学会成立了以郑欣淼会长为组长的"中华诗词新韵研究"课题组。2016 年 8 月 30 日课题组提交了《中华通韵》（16 韵）、《中华通韵》（15 韵）等方案，上报教育部语言文字应用管理司。

第二个阶段（2018 年 4 月至 2019 年 3 月）为修订完善阶段，历时近一年。

课题组向诗词创作界、音韵学界、教育界等多方征求意见。2018 年 5 月教育部语言文字应用管理司和中华诗词学会共同举办了第一届创作新韵诗词作品征集活动。课题组在吸取多方意见和新韵诗词创作实践的基础上，动员各方力量参与，经过多次修改，先后向教育部语言文字应用管理司报送了《中华通韵》（15 韵）的"实验稿""鉴定稿""征求意见稿""送审稿"。

2019 年 3 月 13 日，国家语委语言文字规范标准审定委员会审定通过了《中华通韵》。2019 年 7 月 15 日，《中华通韵》由教育部、国家语委发布，同年 11 月 1 日起试行，编号 GF 0022—2019。

## 四、《中华通韵》的主要内容

《中华通韵》包括七个部分：

1. 范围。说明《中华通韵》划分韵部的依据，收录韵字的原则。《中华通韵》适用于各种韵文的教学和创作。

2. 规范性引用文件。《中华通韵》的规范性引用文件为《汉语拼音方案》和《通用规范汉字表》。

3. 术语和定义。介绍《中华通韵》使用的术语体系。

4. 总则。说明《中华通韵》定韵的依据和选定韵字的基础。

5. 韵部划分和韵字收录原则。《中华通韵》分为15韵部，另设儿韵为附韵；某些韵部可以分押或者通押。收录韵字7730字，每部韵字按在以往诗词中的使用频率由高到低排列；每韵之内按阴平、阳平、上声、去声排列，阴平、阳平为平声，上声、去声为仄声；多音字音从义定，韵依音归。

6. 韵部表。用图表方式列举了《中华通韵》15韵部的韵目及其所包含的普通话韵母。

7. 韵字表。按照韵部表顺序和普通话四声顺序排列韵字，并用注释方式对一些较为特殊的韵字进行说明。

# 第二章

# 《中华通韵》的韵部和韵字

# 一、音韵概念

## （一）音节、音位

音节是能够自然发出和觉察到的最小的语音单位。一个音节由一个或几个音素按照一定的规律组织起来，其中有且仅有一个音节核，汉语中的音节核就是韵腹。此外还有音节首和音节尾等成分，汉语中的声母和介于声母与韵腹之间的介音为音节首，韵尾为音节尾。在汉语的书写体系中，一个汉字往往代表一个音节，一个音节往往由一个汉字表示。

音位是一定的语言或方言的语音系统中最小的对立单位，是能够区别意义的最小语音单位。音位最重要的特征是它与该语音系统中的其他音位相对立。对立、互补、语音相似和系统性，是归纳音位的重要原则。在某种语言或方言里，如果两个或多个音素能够出现在同一语音环境中并起到区别意义的作用，则称它们之间的关系为对立。在某种语言或方言里，如果两个或多个音素从不出现在同一语音环境里，则称它们之间的关系为互补。语音相似指的是同一音位的各个音位变体在语音上是相似的，至少使用该语言的人听起来比较相近，否则两个音素即使呈互补分布也不能归于一个音位。任何一个音位都和其他音位至少具有一个区别特征，例如汉语拼音中的"b"和"p"是不送气与送气的区别，"i"和"ü"是展唇和圆唇的区别。一个音位就是一组区别特征的集合。传统音韵学中，韵图上的每一个位置（包括空格）都与其他位置至少有一个区别特征。

## （二）韵母、韵基

韵母是汉语音节结构中声母之后的所有音段成分，包括韵头、韵腹、韵尾。韵头，又称介音，是韵母中位于韵腹之前的成分。韵腹，又称主要元音，是汉语韵母中必有的核心部分。韵尾，是韵母中位于韵腹之后的成分。例如"闲 xián"字，声母是"x"，韵母是"ian"，未包括声调，声调不属于音段成分。在音节"xián"中，声母之后的所有音段成分就是"ian"，其中"i"是韵头，"a"是韵腹，"n"是韵尾。

韵基，也叫韵，是押韵的基础。韵基包括韵腹和韵尾。韵基与韵头无关，只要韵基相同，就算同韵。汉语韵母的结构是有层次的，韵头、韵腹、韵尾不在一个层次上。例如，韵母"ian"，第一个层次由"i"和"an"构成，第二个层次中的"an"由"a"和"n"构成。其中"i"是韵头，"an"是韵基。韵基"an"中，"a"是韵腹，"n"是韵尾。有些韵基既有韵腹又有韵尾，有些韵基只有韵腹没有韵尾。换言之，在有韵尾的韵基里，韵基包括韵腹和韵尾，在没有韵尾的韵基里，韵基只包括韵腹。

## （三）韵书、韵部、韵目、韵字

韵书是汉语工具书中，依据韵部分类编排，供写作韵文押韵参考的辞书。韵书也可以用来查韵检字，识字正音。《切韵》《广韵》《集韵》《平水韵》《中原音韵》《洪武正韵》《词林正韵》都是历史上著名的韵书。《中华通韵》则是一部新时代的韵书。

韵部有两个含义：一是韵书中的类，是韵书里有相同韵基的音节（书面语上的"字"）组成的单位。如《广韵》将"东、同、中、虫"归为一个韵（东韵）。传统音韵学著作中的"韵"，有的包括声调因素，声调不同的韵基不算同韵（如《切韵》）；有的不包括声调因素，声调不同的韵基也算同韵（如《中原音韵》）。二是指在归纳韵文押韵字的基础上，经音韵分析和整理得出的部类。例如以《诗经》为代表的上古音的韵部，音韵学家将《诗经》里的"兹、士、在、有"等韵字归纳为一个韵部（之部）。

韵目是韵书中韵的标目，也就是韵部的代表字。例如《广韵》的"一东、二冬、三钟、四江"等，《中原音韵》的"东钟、江阳、支思、齐微"等。

韵字是用作韵脚的字或同一韵部里的字。

## （四）声调、调类、平仄

声调是音节的高低升降变化模式，其声学性质主要是音高。汉语普通话的四声"妈 mā"（阴平）、"麻 má"（阳平）、"马 mǎ"（上声）、"骂 mà"（去声）的音高分别是 55、35、214、51。汉语声调具有区别功能，也可以说声调是具有区分字词意义功能的音高对比模式。以塞音收尾的韵（例如以"-b、-d、-g"等结尾），在传统音韵学中被称为入声韵。

调类是声调的类别。普通话的调类有四个，分别是阴平、阳平、上声、去声。古汉语的调类也有四个，分别是平声、上声、去声、入声。

从中古时期开始，音韵学家、诗律学家将汉语四声二元化，将平声归为一类，将上声、去声、入声归为一类，叫仄声。现代汉语中阴平、阳平归并为平声，上声、去声归并为仄声。古代的平声现代（指普通话和没有入声的方言）依然是平声，古代的上声、去声现代依然是仄声。古代的入声现代消失了，分别演变为阴平、阳平、上声和去声。演变为上声和去声的，依然是仄声；演变为阴平、阳平的，现在归为平声。

## （五）用韵

为了使声韵谐和，创作者会在不同语句的相同位置，使用有关联的语音，构成语音的回环之美。如果这个有关联的语音韵基相同，就叫押韵，韵文句尾押韵的字，就叫韵脚。各体韵文对押韵的要求不同：近体诗要求偶句（对句）押韵，奇句（出句）不押韵（全诗的首句可押可不押）；柏梁体要求句句押韵；词和曲则根据具体的词谱和曲谱要求押韵，有的安排得比较紧密，句句押韵，有的安排得比较疏松，隔几句才押韵。

用韵严一点儿的，一个韵部内部音色有差异的韵母可以分开押韵，例如"鹅韵"中的韵母"e"与"ê""ie（实际音色为 iê）""üe（实际音色为 üê）"根据创作的需要，可以分开押韵；"衣韵"中的"i"和"-i（前）""-i（后）"根据创作的需要，可以分开押韵。

用韵宽一点儿的，不同韵部音色相近的韵，根据创作的需要，可以通押。例如"喔韵"中的韵母"o"和"uo"与"鹅韵"中的韵母"e"可以通押，"衣韵"与"迂韵"可以通押。音色相近的韵通押，这属于通韵。

传统诗词曲的用韵位置，由诗律、词律和曲律规定和制约。现代诗歌用韵的位置则相对比较自由。

换韵，也叫转韵，指一首诗里，先用一个韵部的韵，后又换用其他韵部的韵。近体诗一韵到底，中途不能换韵。词和曲的换韵与否由具体的词谱和曲谱规定。古体诗可以一韵到底，也可以换韵，古体诗中的歌行体往往中途换韵。现代诗的用韵情况类似古体诗，可以一韵到底，也可以中间换韵。

如果一首诗的用韵方式是"A 韵，B 韵，A 韵，B 韵"，交叉使用 A 韵和 B 韵，则属于交韵。

如果一首诗的用韵方式是"A 韵，B 韵，B 韵，A 韵"，A 韵环抱着 B 韵，则属于抱韵。

根据韵基中韵腹舌位的高低，韵部可以分为高元音韵部、中元音韵部、低元音韵部。高元音韵部包括"衣韵""乌韵""迂韵"，它们的韵腹是高元音"i、u、ü"；中元音韵部包括"喔韵""鹅韵""欸韵""欧韵""恩韵""英韵""雍韵"，它们的韵腹是中元音"o、e"；低元音韵部包括"啊韵""哀韵""熬韵""安韵""昂韵"，它们的韵腹是低元音"ɑ"。创作时可以根据需要选用韵部，一般说来，高元音韵部婉约、柔美，低元音韵部高亢、雄壮。

根据韵部中韵字的数量，韵部可以分为宽韵、窄韵和险韵。韵字多的是宽韵，韵字少的是窄韵，韵字极少的是险韵。宽韵如"安韵""衣韵"，窄韵如"雍韵""哀韵"，险韵如"儿韵"。

## 二、《中华通韵》的韵部

汉语音节包含声母、韵母、声调三个组成部分，其中韵母包括韵头和韵基，韵基又包括韵腹和韵尾。

### 普通话音节结构表

| 种类 | 例字 | 声母 | 韵母 | | | |
|---|---|---|---|---|---|---|
| | | | 韵头 | 韵基 | | |
| | | | | 韵腹 | 韵尾 | |
| | | | | | 元音 | 辅音 |
| 1 | 啊 | | | a | | |
| 2 | 爱 | | | a | i | |
| 3 | 约 | | ü | e | | |
| 4 | 眼 | | i | a | | n |
| 5 | 哪 | n | | a | | |
| 6 | 逃 | t | | a | o（u） | |
| 7 | 列 | l | | i | e | |
| 8 | 黄 | h | u | a | | ng |

普通话的音节结构有以下类型：

1.汉语的音节里，可以没有声母（零声母，如上表前4类），但一定有韵母；韵母里可以没有韵头（如上表1、2、5、6类），但一定有韵基；韵基里可以没有韵尾（如上表1、3、5、7类），但一定有韵腹。

2.不考虑音节结构层次的话，普通话音节包括声母、韵头、韵腹、韵尾四个组成部分。

四部分齐全的有一类：第 8 类。

缺一部分的有三类：第 4 类（缺声母），第 6 类（缺韵头），第 7 类（缺韵尾）。

缺两部分的有三类：第 2 类（缺声母、缺韵头），第 3 类（缺声母、缺韵尾），第 5 类（缺韵头、缺韵尾）。

缺三部分的有一类：第 1 类（缺声母、缺韵头、缺韵尾）。

3. 从声母的角度看，第 1 类至第 4 类的声母是零声母，第 5 类至第 8 类的声母是辅音声母。

4. 从韵母的角度看，第 1 类、第 2 类、第 5 类、第 6 类的韵母只有韵基，没有韵头；第 3 类、第 4 类、第 7 类、第 8 类的韵母既有韵基，又有韵头。

5. 从韵基的角度看，第 1 类、第 3 类、第 5 类、第 7 类的韵基只有韵腹，没有韵尾；第 2 类、第 4 类、第 6 类、第 8 类的韵基既有韵腹，又有韵尾。

### 《汉语拼音方案》韵母表

| | | i | 衣 | u | 乌 | ü | 迂 |
|---|---|---|---|---|---|---|---|
| a | 啊 | ia | 呀 | ua | 蛙 | | |
| o | 喔 | | | uo | 窝 | | |
| e | 鹅 | ie | 耶 | | | üe | 约 |
| ai | 哀 | | | uai | 歪 | | |
| ei | 欸 | | | uei | 威 | | |
| ao | 熬 | iao | 腰 | | | | |
| ou | 欧 | iou | 忧 | | | | |
| an | 安 | ian | 烟 | uan | 弯 | üan | 冤 |
| en | 恩 | in | 因 | uen | 温 | ün | 晕 |
| ang | 昂 | iang | 央 | uang | 汪 | | |
| eng | 亨的韵母 | ing | 英 | ueng | 翁 | | |
| ong | 轰的韵母 | iong | 雍 | | | | |

附：儿 er

要注意的是：

一、"in"是"en"的齐齿呼，"ün"是"en"的撮口呼，"ing"是"eng"的齐齿呼。从语音的历史演变看也是如此。注音字母的书写也体现这种看法：在注音字母中，"en"写作"ㄣ"，"in"写作"ㄧㄣ"，"ün"写作"ㄩㄣ"；"eng"写作"ㄥ"，"ing"写作"ㄧㄥ"。"in、ün、ing"可以认为是"ien、üen、ieng"的缩写。

二、"iou、uei、uen"三个韵母，如果与辅音声母相拼，中间的字母可以省写，写为"iu、ui、un"，例如"留（liú）、水（shuǐ）、论（lùn）"；如果与零声母相拼，分别写为"you、wei、wen"，例如"有（yǒu）、为（wèi）、文（wén）"。

《汉语拼音方案》韵母表的第一列为没有韵头而以低元音"a"和中元音"o、e"为韵腹的开口呼，第二列为以高元音"i"为韵腹和韵头的齐齿呼，第三列为以高元音"u"为韵腹和韵头的合口呼，第四列为以高元音"ü"为韵腹和韵头的撮口呼。

《汉语拼音方案》韵母表的第一行，除了第一个空位以外，有"i、u、ü"3个韵母。这3个韵母都没有韵尾，都由一个单独的高元音韵腹构成。

《汉语拼音方案》韵母表的第一列，除了第一个空位以外，有12个韵母，它们是"a、o、e、ai、ei、ao、ou、an、en、ang、eng、ong"。其中"a、o、e"这3个韵母，没有韵尾，各由一个低元音或中元音韵腹构成。

低元音"a"，中元音"o、e"，和高元音"i、u、ü"，构成《汉语拼音方案》的元音系统。而"ai、ei、ao、ou、an、en、ang、eng、ong"这9个韵基，则由充当韵腹的"a、o、e"，加元音韵尾"i、u（包括 o）"或辅音韵尾"n、ng"构成。

《中华通韵》15韵部的确立，是以《汉语拼音方案》韵母表中的韵基为基础的。具体来说，就是将《汉语拼音方案》韵母表中全部15个韵基选出：从第一行中选出3个韵基，即"i、u、ü"；从第一列中选出12个韵基，即"a、o、e、ai、ei、ao、ou、an、en、ang、eng、ong"。这15个由韵基单独构成的韵母，叫韵基韵母。

由韵基加上韵头构成的韵母，叫非韵基韵母，有20个。非韵基韵母都处在能够充当韵头的"i、u、ü"和开口呼韵基的交叉点上，也就是说都处在第一行3个韵基和第一列12个韵基的各个交叉点上，它们都归属于其左边的相应韵基。例如"iao"由韵头"i"和韵基"ao"构成，处在韵头"i"和韵基"ao"的交叉点上，其韵部归属于"ao"。其余以此类推。

"i、u、ü"有一些特殊性。当它们独立做韵母时，它们是韵腹。当它们出现在其他韵基之前时，它们是韵头，例如"ia、ie、iao、iou、ian、in、iang、ing、iong"中的"i"，"ua、uo、uai、uei、uan、uen、uang、ueng"中的"u"，"üe、üan、ün"中的"ü"。

《汉语拼音方案》韵基韵母15个，非韵基韵母20个，一共有35个韵母。《汉语拼音方案》的韵母系统就是6元音15韵基35韵母的系统。

《中华通韵》以《汉语拼音方案》韵母表的15个韵基为标准，确定15个韵部。

为了与《汉语拼音方案》韵母表一致，《中华通韵》15个韵部的代表字都与《汉语拼音方案》韵母表相同，但是由于"eng"韵基和"ong"韵基没有零声母的字，所以选用其齐齿呼的零声母字。这15个韵目是：一啊、二喔、三鹅、四衣、五乌、六迂、七哀、八欸、九熬、十欧、十一安、十二恩、十三昂、十四英、十五雍。

另外，儿韵因为字数极少，而且不常用，作为附韵，儿韵部的韵字也附在韵字表后。这样处理，既与"er"在韵母表中的位置相一致，也有利于人们在创作时查找使用韵字。

### 《中华通韵》韵部表

| 韵目韵母 | 韵目韵母 |
|---|---|
| 一啊 a ia ua | 九熬 ao iao |
| 二喔 o uo | 十欧 ou iu |
| 三鹅 e ie üe | 十一安 an ian uan üan |
| 四衣 i | 十二恩 en in un ün |
| 五乌 u | 十三昂 ang iang uang |
| 六迂 ü | 十四英 eng ing ueng |
| 七哀 ai uai | 十五雍 ong iong |
| 八欸 ei ui | |

附：儿 er

《中华通韵》15 韵部，如果按照传统音韵学四声分韵的做法，每个韵部都有阴平、阳平、上声、去声，也可以理解为60韵部。如果加上附韵儿韵，则有63韵部（儿韵没有阴平韵字）。

## 三、各家韵部异同

《中华通韵》在制定过程中，收集有代表性的韵书，理清各家韵部的差异，分析各家韵部分歧的原因，评述各家韵部得失，最后根据音位学理论，解决立韵标准，划分韵部。

### （一）各家韵部

现当代有代表性的韵书，对现代诗韵的韵部划分，最少的分为10韵，最多的分为21韵，主要有：1.高元白的《新诗韵十道辙儿》分韵辙为10部；2.长期以来有较大影响的"民间十三辙"；3.黎锦熙、卢前、魏建功的《中华新韵》分韵部为 18 韵；4.秦似的《现代诗韵》分韵部为 13 部 17 韵；5.《中华诗词》编辑部《中华新韵》分韵部为 14 韵；6.《通韵新编》分韵部为 12 部 21 韵（见湖北省荆门聂绀弩诗词研究基金会《诗韵汇鉴》）。各家分韵存在不少分歧。

## 《中华通韵》与各家韵部异同对照表

（右侧各列同属"其他各家韵部"）

| 中华通韵 | | 新诗韵十道辙儿 | 民间十三辙 | 中华新韵（18韵） | 现代诗韵 | 中华新韵（14韵） | 通韵新编 | |
|---|---|---|---|---|---|---|---|---|
| 啊 | a、ia、ua | 发韵辙儿 | 发花 | 麻 | 花 | 麻 | 啊 | |
| 喔 | o、uo | 歌韵辙儿 | 坡梭 | 波 | 歌 | 波 | 喔 | 喔窝 |
| 鹅 | e | | | 歌 | | | | 鹅 |
| | ê、ie、üe | 写韵辙儿 | 乜斜 | 皆 | 些 | 皆 | | 耶约 |
| 衣 | –i | 诗韵辙儿 | 一七 | 支 | 衣 | 支 | 衣 | 知 |
| | i | | | 齐 | | 齐 | | 衣 |
| 附：儿 | er | 诗韵辙儿 | 一七 | 儿 | | | | 儿 |
| 迂 | ü | | | 鱼 | 居 | 乌 | | 迂 |
| 欸 | ei、uei | | 灰堆 | 微 | 飞 | 微 | 欸威 | |
| 哀 | ai、uai | 来韵辙儿 | 怀来 | 开 | 开 | 开 | 哀歪 | |
| 熬 | ao、iao | 高韵辙儿 | 遥条 | 豪 | 高 | 豪 | 熬腰 | |
| 乌 | u | 斗韵辙儿 | 姑苏 | 模 | 姑 | 姑 | 乌 | 乌 |
| 欧 | ou、iou | | 油求 | 侯 | 收 | 尤 | 欧优 | |
| 安 | an、uan | 战韵辙儿 | 言前 | 寒 | 山 | 寒 | 安 | 安弯 |
| | ian、üan | | | | 天 | | | 烟冤 |
| 昂 | ang、iang、uang | 唱韵辙儿 | 江阳 | 唐 | 方 | 唐 | 昂央汪 | |
| 恩 | en、uen | 风韵辙儿 | 人辰 | 痕 | 根 | 文 | 恩 | 恩温 |
| | in、ün | | | | | | | 因晕 |
| 英 | eng、ueng | | 中东 | 庚 | 东 | 庚 | 英 | 亨翁 |
| | ing | | | | 声 | | | 英 |
| 雍 | ong、iong | | | 东 | 东 | | | 轰雍 |

各家分韵完全相同的有四个韵（一般用《中华通韵》的韵目名称，必要时也列举其他韵书的韵目名称。下同）：啊韵、哀韵、熬韵、昂韵。

分歧较小的有七个韵：欸韵、乌韵、欧韵、安韵、恩韵、英韵、雍韵。

分歧较大的有五个韵：喔韵、鹅韵、衣韵、迂韵及儿韵。

## （二）分歧较小的韵部

分歧较小的七个韵有三种情况：

1. 有的韵书将介音不同的韵分为两韵，将"安韵"四个韵母分为两韵，"an、uan"为一韵，"ian、üan"为一韵，例如《现代诗韵》《通韵新编》；将"恩韵"四个韵母分为两韵，"en、uen"为一韵，"in、ün"为一韵，例如《通韵新编》。这不符合韵基原则。"安韵"的韵基都是"an"，"an、uan、ian、üan"的不同只是韵头不同，至于其中的韵腹"a"，在"an、uan"中舌位较低，在"ian、üan"中舌位较高，但只是同一个音位的不同条件变体，属于同一个音位，因此"an、uan、ian、üan"是同一个韵基的四个韵母，应该归并为一个韵部。同理，"恩韵"四个韵母"en、uen、in、ün"的韵基都是"en"，"in"（可以认为是"ien"的缩写）、"ün"（可以认为是"üen"的缩写）中的"e"发音有时比较弱，有时比较强，在书写上，"en"韵母中的"e"书写出来，"in、ün"中的"e"不书写出来，"uen"中的"e"在与零声母相拼时书写出来，在与辅音声母相拼时不书写出来，则是由《汉语拼音方案》的拼写规则决定的。"en、uen、in、ün"的韵基都是"en"，应该归并为一个韵部。

2. 有的韵书将"英韵"和"雍韵"合并为一韵。"英韵"和"雍韵"的韵尾相同，都是"ng"，但"英韵"的韵腹是"e"（"英韵"中齐齿呼的韵母"ing"是"ieng"的缩写），"雍韵"的韵腹是"o"，在普通话中，"英韵"和"雍韵"是对立的，例如"英/雍，映/用，井/窘，晴/穷，兴/凶"。"英韵"和"雍韵"的韵基不一样，根据韵基原则，不应该合并为一个韵。

3.有的韵书将"欸韵"并入"衣韵"，将"欧韵"并入"乌韵"，将"恩韵"并入"英韵"和"雍韵"，例如《新诗韵十道辙儿》。将"欸韵"并入"衣韵"是因为"欸韵"的尾音是"i"，与"衣韵"相似；将"欧韵"并入"乌韵"是因为"欧韵"的尾音是"u"，与"乌韵"相似。但是"欸韵"中的"i"与"衣韵"中的"i"有本质不同，"欸韵"中的"i"是韵尾，"衣韵"中的"i"是韵腹，"欸韵"的韵腹是"e"。"欸韵"的韵基由韵腹"e"加韵尾"i"构成，"衣韵"的韵基由韵腹"i"构成，两者的韵基不同，根据韵基原则应该分为不同的韵部。同理，"欧韵"中的"u"与"乌韵"中的"u"也有本质不同，"欧韵"中的"u"是韵尾，"乌韵"中的"u"是韵腹，"欧韵"的韵腹是"o"。"欧韵"的韵基由韵腹"o"加韵尾"u"构成，"乌韵"的韵基由韵腹"u"构成，两者的韵基不同，根据韵基原则应该分为不同的韵部。将"欸韵"与"衣韵"合并为一个韵部，将"欧韵"与"乌韵"合并为一个韵部，忽略了韵基与韵尾的区别。将"恩韵""英韵"和"雍韵"合并为一个韵也不妥。"恩韵"和"英韵"是韵腹相同，都是"e"，但"恩韵"的韵尾是"n"，"英韵"的韵尾是"ng"。"恩韵"的韵基是"en"，"英韵"的韵基是"eng"，二者的韵基不一样，不应该合并为一个韵。"英韵"和"雍韵"的区别已见上文。

## （三）分歧较大的韵部

分歧较大的有五个韵：

1.有的韵书将"迂韵"独立为一个韵，例如《中华新韵（18

韵）》；有的将它与"乌韵"合并，例如《通韵新编》；有的将它与
"衣韵"合并，例如《新诗韵十道辙儿》、"民间十三辙"、《中华新
韵（14 韵）》。将它与"乌韵"合并的原因，主要是因为现代汉语的
"ü"，历史上大多与"u"有共同的来源。但是，现代汉语的"ü"与
"u"音色差别很大，发音部位差别也很大，"ü"为前元音，"u"为后
元音，属于不同的音位，应该分为两个韵。将"迂韵"与"衣韵"合
并为一个韵，是因为"ü"与"i"音色接近，发音部位一致，都是前
高元音，但是"ü"是圆唇元音，"i"是展唇元音，二者在普通话中
是对立的音位，在汉语史上也很少有共同的来源，应该分为不同的
韵部。

2. 有的韵书将"衣韵"中的"i"和"-i（前）、-i（后）"分为两个
韵部，例如《中华新韵（18 韵）》《中华新韵（14 韵）》；有的韵书将它
们合并为一个韵部，例如《新诗韵十道辙儿》、"民间十三辙"和《现代
诗韵》。《中华通韵》将它们合并为"衣韵"，因为"-i（前）"只能出现
在"z、c、s"后，"-i（后）"只能出现在"zh、ch、sh、r"后，在现代
汉语中，它们与"i"互补，属于同一音位，韵基相同，应该属于同一个
韵部。

3. "鹅韵"中的"e、ê、ie、üe"与"喔韵"中的"o、uo"，有
的韵书将它们分为三个韵："e"为一个韵，"o、uo"为一个韵，"ê、
ie、üe"为一个韵，例如《中华新韵（18 韵）》；有的韵书将它们分
为两个韵，将"e、o、uo"立为一个韵，将"ê、ie、üe"立为另一
个韵，例如《新诗韵十道辙儿》、"民间十三辙"和《中华新韵（14
韵）》。《中华通韵》将"o、uo"立为一个韵部，将"e"和"ê、ie、
üe"另立为一个韵部。因为"o"只出现在声母"b、p、m、f"之
后，"uo"出现在其他声母之后，二者互补，韵基相同，应归并为同
一韵部。但是"uo"出现的位置，"e"也能出现，如"国/革""卓/
哲""夺/得"，二者对立，属于不同音位，应该分立为不同的韵部。

《汉语拼音方案》把"ê"处理为音位"e"的变体。"ie、üe"后面的"e"实际音值是"ê",但它属于"e"的音位变体,在普通话中"e"不会出现在"i、ü"之后。"e"和"ê"只有在零声母时才存在对立,而"ê"韵的字极少,《现代汉语词典》中只有一个字"欸",为一个字立一个韵部实在不经济。将韵字极少的韵部归并到其他韵部,是中国韵书的一个传统,例如《切韵》就把"冬韵"上声的字归入"东韵"的上声"董韵"。因此,《中华通韵》将"o、uo"立为一个韵部,将"e"和"ê、ie、üe"另立为一个韵部。

4. 有的韵书将"儿韵"独立为一个韵,例如《中华新韵(18韵)》;有的韵书将它归并为"衣韵",例如《新诗韵十道辙儿》、"民间十三辙"、《现代诗韵》和《中华新韵(14韵)》。将它独立为一个韵,是因为"er"的发音较为独特;将它归并为"衣韵",是因为在汉语史中"er"和"i、–i(前)、–i(后)"有共同的来源。但是由于"er"所领属的汉字太少,而且在诗词创作中使用频率不高,所以《中华通韵》将它作为附韵处理,与《汉语拼音方案》韵母表处理一致。

## (四)立韵原则

以上的各种分歧,核心问题是各家的立韵原则不同。《中华通韵》立韵的根本原则是确定韵基,韵基相同就是同一个韵部,韵基不同就是不同的韵部,而确定韵基又必须遵循音位原则和共时原则。

**音位原则:** 在普通话中,"ü"与"i"对立,属于不同音位,韵基不同,也就属于不同韵部;"e"与"o"对立,属于不同音位,韵基不同,也就属于不同韵部。"i"和"–i(前)、–i(后)"互补,是同一音位的不同变体,属于相同音位,韵基相同,应该合并为一个韵部。

共时原则："ü"与"u"在汉语史上虽然存在共同的来源，但是在现代汉语中，"ü"为前元音，"u"为后元音，二者差别很大，属于不同音位，韵基不同，应该分立为两个韵部。"er"与"i、–i（前）、–i（后）"在汉语史上也有共同的来源，但是在现代汉语中，"er"与"i"差别很大，也不应该合为一个韵部。

立韵过程中，如果音位原则和音素原则发生矛盾，则应该坚持音位原则放弃音素原则；如果共时原则和历时原则发生矛盾，则应该坚持共时原则放弃历时原则。

中华人民共和国成立以来，国家以普通话为全国通用语言，普通话以《汉语拼音方案》作为拼写和注音工具。《汉语拼音方案》就是按照音位原则、共时原则制定的。《中华通韵》以《汉语拼音方案》为基础确定 15 个韵部，也是坚持音位原则、共时原则的结果。

## 四、古今韵部差异

一个时代有一个时代的语言。语言经过长时间的演变，会发生很大的变化。朱熹为《论语》等先秦著作作过注解，但是如果朱熹突然闯进孔子的课堂里，那他是听不懂孔子和弟子们的对话的。（吕叔湘《语文常谈》）现代人如果"穿越"到了唐代、宋代，那是根本听不懂那时的语言的。

阅读古代的文献，我们首先感到的是古今书面语的差别。虽然我们通过文字可以感受到语言的部分（例如词汇的、语法的）差别，但还没有真正感受到现在的语言与那时的实际语言（口语）的差别。如果要真正了解那时的语言，就得从语音、词汇、语法等语言要素入手，对其进行深入的、系统的研究。很多汉语史著作都对古今语言的差别进行过研究，王力先生的《汉语史稿》就是其中的代表。即便如此，我们也只能是从系统上了解和认识那时的语言，却永远不可能真正听到和说出那时的语言。

虽然古今汉语差别很大，但是现代汉语是从古代汉语传承而来的，两者的基本词汇和语法结构仍然具有很强的一致性，语音系统也存在明显的对应关系。古代汉语语音、词汇、语法的许多特点都能在现代汉语中找到痕迹。

中古语音系统的代表《广韵》，共有206韵，142个韵母。后来《平水韵》将《广韵》韵部合并为106韵，《中原音韵》依据元曲押韵情况归纳为19部（如果按照《广韵》四声分立韵部的话，则为76韵），现在《中华通韵》依据普通话的韵基系统将韵部划分为15韵（如果按照《广韵》四声分立韵部的话，则为60韵。如果加上附韵"儿韵"的话，则有63韵）。

语音演变具有规律性。古音演变为今音，大致有三条路径：一是平行变化，二是合并，三是分化。

**平行变化**："东韵"和"江韵"在《平水韵》中是不同的韵，现在也是不同的韵；"支韵"和"麻韵"在《平水韵》中是不同的韵，现在也是不同的韵。

**合并**："东韵"和"冬韵"在《平水韵》中是不同的韵，现在合并为一个韵；"萧韵""肴韵"和"豪韵"在《平水韵》中是不同的韵，现在合并为一个韵。

**分化**：《平水韵》的"灰韵"在那时是一个韵，但是现在有的变化为"ai"，例如"开、来"等字，有的变化为"ei、uei"，例如"梅、回"等字，成为不同的韵。又如《平水韵》的"元韵"在那时是一个韵，但是现在有的变化为"en、uen"，例如"门、婚"等字，有的变化为"an、ian、üan"，例如"翻、言、原"等字，成为不同的韵。

值得注意的是，上面讨论的平行变化、合并、分化，是就总体而言的，实际情况则更为复杂。分化和合并经常是交叉进行的。例如《平水韵》的"灰韵"分化了，分化出来的"开、来"等字后来与"佳韵"的一部分合并；"梅、回"等字与"支韵、微韵、齐韵"等韵合并。又如《平水韵》的"元韵"分化了，分化出来的"门、婚"等字后来与"真文"等韵合并；"翻、言、原"等字后来与"寒山"等韵合并。《平水韵》的"东韵"和"冬韵"的大多数字今音演变为"ong、iong"，但是唇音后的音却演变为"eng"，例如"东韵"中的"风、蒙"等字、"冬韵"中的"峰、丰"等字演变为"eng"，与"蒸韵"中的"崩、朋"、"庚韵"中的"盟"合并为一个韵。再如，《平水韵》的"庚韵"的大多数字今音演变为"eng、ing、ueng"，与"蒸韵"等韵合并；但是"荣、兄、宏"等字，现在却演变为"ong、iong"，与"东韵"和"冬韵"合并。这些只是举例，详细研究可以参看王力《汉语史稿》《汉语语音史》，史存直《汉语史纲要》，向熹《简明汉语史（上册）》。

从押韵角度讲，如果是平行变化，那么古代押韵的，现代也押韵，古代不押韵的，现代也不押韵；如果是合并，那么古代不押韵的，现代变成押韵的了；如果是分化，那么古代押韵的，现代变成不押韵的了。但是很多韵部都会存在例外现象。古代韵部多于现代，就总体趋势而言，合并多于分化。换言之，多数情况下，古代押韵的现代也押韵，古代不押韵的，合并以后，现在也押韵了。

中古汉语的四声是平声、上声、去声和入声，现代汉语普通话的四声是阴平、阳平、上声和去声。

中古汉语四声演变为现代汉语四声，主要有三条规律，一是平分阴阳，二是浊上变去，三是入派三声。其中第一条，虽然平声分为阴阳，但是依然是平声；第二条，全浊上声变为去声，但是上声和去声都属于仄声。这两条都不改变字的平仄。影响平仄的是入派三声：古代属于入声的，有的派入上声和去声，依然是仄声，不改变字的平仄；有的派入平声，改变了字的平仄。

　　《中原音韵》是近代汉语音系的代表，是研究汉语语音由中古发展到现代的重要依据。入声韵的消失主要经过两个阶段：第一个阶段是《中原音韵》时期的入派三声；第二个阶段是《中原音韵》之后的进一步分化（主要是清声母入声字）。

　　《中原音韵》时期的入派三声，主要是三条规律：全浊入声归阳平；次浊入声归去声；清音入声归上声。只有少数字例外。根据向熹的《简明汉语史（上册）》，《中原音韵》入派三声情况如下：

《中原音韵》入派三声情况表

| 声母条件 | 入派三声 | | | |
|---|---|---|---|---|
| | 总数 | 阳平 | 上声 | 去声 |
| 清音 | 357 字[①] | 10 字 | 331 字 | 17 字 |
| 全浊 | 176 字 | 166 字 | 9 字 | 1 字 |
| 次浊 | 188 字 | 0 字 | 1 字 | 187 字 |
| 合计 | 721 字 | 176 字 | 341 字 | 205 字 |

　　《中原音韵》之后，清声母入声字进一步分化，浊声母字也有一些新的变化：1）清声母入声字共有 357 字，分化为阴平的 96 字，阳平的 82 字，上声的 34 字，去声的 145 字。2）全浊入声派入阳平的 166 字中，也有一些新变化，转入阴平 5 字，转入上声的 2 字，转入去声的 22 字。派入上声的 9 字中，5 字转入去声，4 字转入阳平。3）次浊入声派入去声的 187 字中，转入阴平的 4 字，转入阳平的 1 字，转入上声的 2 字。具体情况见下表：

----

① 清音入声字"一"字重出，分别派入上声和去声。

《中原音韵》之后入派三声情况表

| 声母条件 | 入派三声 | | | | |
|---|---|---|---|---|---|
| | 总数 | 阴平 | 阳平 | 上声 | 去声 |
| 清音 | 357 字 | 96 字 | 82 字 | 34 字 | 145 字 |
| 全浊 | 176 字 | 5 字 | 141 字 | 2 字 | 28 字 |
| 次浊 | 188 字 | 4 字 | 1 字 | 3 字 | 180 字 |
| 合计 | 721 字 | 105 字 | 224 字 | 39 字 | 353 字 |

《中原音韵》共收录汉字 5866 字，其中入声字 721 字，占 12.3%。入声字演变为上声和去声的 392 字，古今都是仄声，不影响对平仄的分析。演变为阴平和阳平的 329 字，古代为仄声，现在为平声，平仄发生变化。

## 五、《中华通韵》的韵字

### （一）韵字的收录标准

《中华通韵》依据《通用规范汉字表》收录韵字。

中华人民共和国成立以后出版的新韵书，在韵字的确定上，不少都有《平水韵》的痕迹。有的韵书从《现代汉语词典》《新华字典》《汉语大字典》等辞书中选择韵字。《现代汉语词典》《新华字典》收字一万多个，《汉语大字典》收字在几万个，遴选起来困难。有些韵书的韵字时不时受到诗友质疑。《中华通韵（实验稿）》依据《通用规范汉字表》《新华字典》收韵字 8700 个，《中华通韵（征求意见稿）》依据《通用规范汉字表》和 GBK《汉字内码扩展规范》收韵字 8856 个。课题组经过反复深入研究，最终依据《通用规范汉字表》确定韵字，形成了《中华通韵》韵字表。

## （二）韵字的数量

《通用规范汉字表》共收录 8105 个规范汉字。《通用规范汉字表》中明确说明：一级字表为常用字集，收字 3500 个，主要满足基础教育和文化普及的基本用字需要。二级字表收字 3000 个，使用度仅次于一级字。一、二级字表合计 6500 字，主要满足出版印刷、辞书编纂和信息处理等方面的一般用字需要。三级字表收字 1605 个，是姓氏人名、地名、科学技术术语和中小学语文教材文言文用字中未进入一、二级字表的较通用的字，主要满足信息化时代与大众生活密切相关的专门领域的用字需要。

### 《中华通韵》各韵部韵字数量表

| 韵部 | 韵基 | 韵母 | 字数 | 占比 | 字数排序 |
|---|---|---|---|---|---|
| 一啊 | a | a、ia、ua | 468 | 5.454% | 9 |
| 二喔 | o | o、uo | 400 | 4.661% | 11 |
| 三鹅 | e | e、ie、üe | 587 | 6.841% | 6 |
| 四衣 | i | i（-i（前）、-i（后）） | 1118 | 13.029% | 2 |
| 五乌 | u | u | 688 | 8.018% | 3 |
| 六迂 | ü | ü | 304 | 3.543% | 13 |
| 七哀 | ai | ai、uai | 271 | 3.158% | 15 |
| 八欸 | ei | ei、uei | 439 | 5.116% | 10 |
| 九熬 | ao | ao、iao | 655 | 7.633% | 5 |
| 十欧 | ou | ou、iou | 399 | 4.650% | 12 |
| 十一安 | an | an、ian、uan、üan | 1169 | 13.623% | 1 |
| 十二恩 | en | en、in、uen、ün | 670 | 7.808% | 4 |
| 十三昂 | ang | ang、iang、uang | 537 | 6.258% | 8 |
| 十四英 | eng | eng、ing、ueng | 563 | 6.561% | 7 |
| 十五雍 | ong | ong、iong | 297 | 3.461% | 14 |
| 附：儿 | er | er | 16 | 0.186% | 16 |
| 总计 | 15+1 | 35+1 | 8581 | 100% | |

　　《中华通韵》的韵字从《通用规范汉字表》中选取，一级字、二级字 6500 个全部照录，三级字只收录了在以往诗词中出现过的 1230个字，舍弃了没有使用过的生僻字 375 个。这 7730 个韵字，完全可以满足各类韵文创作的需要。同时，每个字都能在《通用规范汉字表》中查到，避免了以往韵书在这方面存在的韵字遗漏、位置错误、附注杂乱等问题。7730 个韵字中的多音字，依据"音从义定，韵依音归"的原则，置于适当的韵部。算上重出的多音字，共有8581 字。

　　跟《平水韵》10238 字、《中原音韵》5866 字、《词林正韵》8900字、《中华新韵》8091 字相比较，《中华通韵》收字比较适中。

## （三）韵字的排列顺序

　　《中华通韵》韵字表，首先按照韵部表的顺序依次排列：一啊、二喔、三鹅、四衣、五乌、六迂、七哀、八欸、九熬、十欧、十一安、十二恩、十三昂、十四英、十五雍、附儿韵。在每个韵部的韵字排列顺序上，按照普通话阴平、阳平、上声、去声分别排列，这和《切韵》等韵书不同，而与《中原音韵》等韵书一致。在每个声调中，按照韵字在诗词中的使用频率由高到低排列，这和《平水韵》以来的韵书是一致的。只有"衣韵"和"鹅韵"例外："衣韵"中"i""-i（前）""-i（后）"分别排列；"鹅韵"中的"e""ie""üe"分别排列。这是兼顾语音相似原则，供人们创作时灵活用韵。创作时，"i""-i（前）""-i（后）"可通押，也可分押；"e""ie""üe"可通押，也可分押。

　　《中华通韵》每部韵字按在以往诗词中的使用频率由高到低排列，每部韵字的使用频率，是通过大数据分析得来的。《通用规范汉字表》三级字表中没有收入的 375 个字，也是通过计算机检索，确认在以往诗词中没有出现过，属于比较生僻的字。

　　《中华通韵》对有多种读音的字，按照其读音，分置于相应的韵部，不再标注。这样处理，把韵书的功能定位为只提供韵字，而不兼具字典的功能，同时可以避免以往韵书标注不够准确、存在歧义等问题。

# 第三章
## 《中华通韵》和诗词用韵

一部韵书的科学性由该韵书的系统性、切合度来决定。《中华通韵》是以《汉语拼音方案》韵基系统划分韵部的新韵书，系统性很强；《中华通韵》以普通话音位系统为标准，与普通话语言实际的切合度很高，只要掌握了《汉语拼音方案》，就能掌握《中华通韵》，利用《中华通韵》进行韵文创作。

分析古代韵文，可以用古代韵书作为依据，分析其用韵、平仄，目的是了解"其所以然"，做到"赏知音"（陆法言《〈切韵〉序》），而不是为了用那时的语言进行创作。我们主张用现在鲜活的语言进行韵文创作，提倡使用《中华通韵》，但也不排斥创作者依据其他韵书进行创作。

古代韵文中，有不少用韵、平仄都符合《中华通韵》的例子。这是因为现代汉语是由古代汉语发展变化而来的，古今语言变化是有规律的，古代押韵的作品很多在现代也押韵，古代是平声的字很多在现代也是平声，古代是仄声的字很多在现代也是仄声。

以下分韵选取符合《中华通韵》的诗、词、曲、现代诗，说明相关作品的用韵和平仄情况：

诗以律诗为主，词和曲以小令为主，现代诗多选短诗。诗、词、曲先举原作，再举诗的格式、词谱或曲谱，最后简要说明和分析作品的韵字选择和平仄情况。现代诗只分析用韵情况，不分析平仄。

韵文中可平可仄的地方，按照诗、词、曲的传统习惯采取不同的方式标注。诗的格式中，采用在"平""仄"二字上打圆圈的方式，词谱和曲谱采用标注"中"的方式。

## 一、啊韵

| 韵基 | a | | | |
|---|---|---|---|---|
| 韵母 | a、ia、ua | | | |
| 声调 | 阴平 | 阳平 | 上声 | 去声 |

| 字数 | 四声 | 164 | 113 | 65 | 126 |
|------|------|-----|-----|-----|-----|
|      | 合计 | 468 | | | |
| 占比 | 四声 | 1.911% | 1.317% | 0.757% | 1.468% |
|      | 合计 | 5.454% | | | |

### 送黄隐居归南海

唐·许浑

瘴雾南边久寄家，海中来往信流槎。

林藏狒狒多残笋，树过猩猩少落花。

深洞有云龙蜕骨，半岩无草象生牙。

知君爱宿层峰顶，坐到三更见日华。

此诗的格式为：

仄仄平平仄仄平（韵），平平仄仄仄平平（韵）。

平平仄仄平平仄，仄仄平平仄仄平（韵）。

仄仄平平平仄仄，平平仄仄仄平平（韵）。

平平仄仄平平仄，仄仄平平仄仄平（韵）。

韵字选择：此诗用"啊韵"，韵字为"家（jiā）、槎（chá）、花（huā）、牙（yá）、华（huá）"。

平仄分析：此诗中的入声字有"落、骨、宿、日"。其中"骨"今读上声，"落、宿、日"今读去声，古今均为仄声，在诗中处在仄声位置上。从《平水韵》和《中华通韵》的角度看，此诗都符合律诗的平仄律。

### 好 事 近

宋·朱敦儒

眼里数闲人，只有钓翁潇洒。

已佩水仙宫印，恶风波不怕。

此心那许世人知，名姓是虚假。

一棹五湖三岛，任船儿尖要。

《好事近》的词谱为：

中仄仄平平，中仄仄平平仄（韵）。
中仄仄平平仄，仄中平平仄（韵）。

中平中仄仄平平，中中仄平仄（韵）。
中仄仄平平仄，仄中平平仄（韵）。

韵字选择：此词用"啊韵"，韵字为"洒（sǎ）、怕（pà）、假（jiǎ）、耍（shuǎ）"。

平仄分析：此词中的入声字有"恶、不、一"。其中"一"今读阴平，为平声，但它处在可平可仄的位置上；"恶、不"今读去声，古今都为仄声，从《词林正韵》和《中华通韵》的角度看，都不影响对此词平仄律的理解。其中第四句"恶风波不怕"中的"不"，词谱规定为"平"，词作中用了"仄"，但"不"字古今都是仄声。因此，从《词林正韵》和《中华通韵》的角度看，这个字的出律，不影响我们对此词平仄律的理解。

### 〔北越调·天净沙〕秋思

元·马致远

枯藤老树昏鸦，
小桥流水人家，
古道西风瘦马。
夕阳西下，
断肠人在天涯。

《北越调·天净沙》的曲谱为：

中中仄仄平平（韵），
仄平平仄平平（韵），
仄仄平平仄仄（叶）。
中平中仄（叶），
仄平平仄平平（韵）。

　　韵字选择：此曲用"啊韵"，韵字为"鸦（yā）、家（jiā）、马（mǎ）、下（xià）、涯（yá）"。

　　平仄分析：此曲中的入声字只有"夕"字，今读阴平，为平声，但它处在可平可仄的位置上。从《中原音韵》和《中华通韵》的角度看，此曲都符合《北越调·天净沙》的平仄律。

**盼　　望**

艾青

一个海员说，

他最喜欢的是起锚所激起的那

一片洁白的浪花……

一个海员说，

最使他高兴的是抛锚所发出的

那一阵铁链的喧哗……

一个盼望出发

一个盼望到达

　　此诗押"啊韵"，韵字为"那（nà）、花（huā）、哗（huá）、发（fā）、达（dá）"。

## 二、喔韵

| 韵基 | 喔 |||| 
|---|---|---|---|---|
| 韵母 | o、uo |||| 
| 声调 | 阴平 | 阳平 | 上声 | 去声 |
| 字数　四声 | 94 | 117 | 42 | 147 |
| 字数　合计 | 400 |||| 
| 占比　四声 | 1.095% | 1.363% | 0.489% | 1.713% |
| 占比　合计 | 4.661% ||||

## 秋 兴

明·何景明

秋来门巷少经过，日日幽怀对薜萝。

一笑流光抛客路，十年归梦落渔蓑。

沙边返照寒初敛，水上浮云晚故多。

苦忆梁园辞赋客，黄河愁望渺烟波。

此诗的格式为：

平平仄仄平平仄，仄仄平平仄仄平（韵）。

仄仄平平平仄仄，平平仄仄仄平平（韵）。

平平仄仄平平仄，仄仄平平仄仄平（韵）。

仄仄平平平仄仄，平平仄仄仄平平（韵）。

韵字选择：此诗用"喔韵"，韵字为"萝（luó）、蓑（suō）、多（duō）、波（bō）"。

平仄分析：此诗中的入声字有"日、一、客、十、落"。其中"一"今读阴平，"十"今读阳平，为平声，它们都处在可平可仄的位置上；"日、客、落"今读去声，古今都是仄声。从《平水韵》和《中华通韵》的角度看，此诗都符合律诗的平仄律。

## 长相思（上片）

五代·李煜

云一緺，玉一梭。

澹澹衫儿薄薄罗，

轻颦双黛螺。

《长相思》上片的词谱为：

中中平（韵），仄中平（韵）。

平仄平平仄仄平（韵），

平平仄仄平（韵）。

韵字选择：此词上片用"喔韵"，韵字为"緺（wō）、梭（suō）、罗（luó）、螺（luó）"。此词下片为："秋风多，雨相和。帘外芭蕉三两窠，夜长人奈何。"按《中华通韵》"多"为"喔韵"，"和、窠、何"为"鹅韵"，为"喔鹅合韵"。

平仄分析：此词中的入声字有"一、薄"。其中"一"今读阴平，"薄"今读阳平，为平声。"一"两次都出现在可平可仄的位置上，按《词林正韵》和《中华通韵》，都符合《长相思》的平仄律。"薄"出现在仄声位置上，按《词林正韵》符合平仄律，按《中华通韵》则是属于出律了，但这是语音演变的结果。

### 〔北双调·清江引〕观傀儡戏

清·孔广林

重关厚围铁限里，谁把愁城破？

聊将傀儡睃，磊块浇一过，

堪叹世情都戏作。

《北双调·清江引》的曲谱为：

中平中平平仄仄，中仄平平仄（韵）。

平平仄仄平，中仄平平仄（韵），

中平中平平仄仄（韵）。

韵字选择：此曲用"喔韵"，韵字为"破（pò）、过（guò）、作（zuò）"。在另一格式中，第三句为"中仄中平平"。

平仄分析：此曲中的入声字有"铁、一、作"。其中"一"今读阴平，为平声；"铁"今读上声，"作"今读去声，为仄声。在《中原音韵》中"铁、一"都是"入声作上声"，曲谱中"铁"和"一"都处在平声位置上，而"铁"和"一"属于仄声，从《中原音韵》的角度看是出律了，但是从《中华通韵》的角度看，"一"今读阴平，更加符合《北双调·清江引》的平仄律。

### 海韵（节选）

徐志摩

"女郎，胆大的女郎！

那天边扯起了黑幕，

这顷刻间有恶风波——

女郎，回家吧，女郎！"

"啊不；你看我凌空舞，

学一个海鸥没海波。"——

在夜色里，在沙滩上，

急旋着一个苗条的身影——

婆娑，婆娑。


"听呀，那大海的震怒，

女郎，回家吧，女郎！

看呀，那猛兽似的海波，

女郎，回家吧，女郎！"

"啊不；海波他不来吞我，

我爱这大海的颠簸！"——

在潮声里，在波光里，

啊，一个慌张的少女在海沫里，

蹉跎，蹉跎。

此诗押"喔韵"，韵字为"波（bō）、波（bō）、娑（suō）、波（bō）、我（wǒ）、簸（bǒ）、跎（tuó）"。


## 三、鹅韵

| 韵基 | e | | | |
|---|---|---|---|---|
| 韵母 | e、ie、üe | | | |
| 声调 | 阴平 | 阳平 | 上声 | 去声 |

续表

| 字数 | 四声 | 113 | 189 | 41 | 244 |
|---|---|---|---|---|---|
|  | 合计 | 587 | | | |
| 占比 | 四声 | 1.317% | 2.203% | 0.478% | 2.843% |
|  | 合计 | 6.841% | | | |

**题显公房寓泉窝**

明·邵宝

满道清阴绿树遮，肩舆坐我胜乘车。

僧头似雪逢应晚，山价如金欲敢奢。

一榻此堂真有否，百年吾道果非邪。

不须更索行窝记，击壤歌中日未斜。

此诗的格式为：

⊙仄平平⊙仄平（韵），⊙平⊙仄仄平平（韵）。

⊙平⊙仄平平仄，⊙仄平平⊙仄平（韵）。

⊙仄⊙平平仄仄，⊙平⊙仄仄平平（韵）。

⊙平⊙仄平平仄，⊙仄平平⊙仄平（韵）。

韵字选择：此诗用"鹅韵"，韵字为"遮（zhē）、车（chē）、奢（shē）、邪（xié）、斜（xié）"。值得注意的是此诗中的"遮、车、奢"的韵母是"e"，"邪、斜"的韵母是"ie"，可见将"e、ie"归入同一个韵的情况古已有之。

平仄分析：此诗中的入声字有"绿、坐、雪、欲、一、榻、百、不、索、击、日"。其中"一、击"今读阴平，为平声；"雪、百、索"今读上声，"绿、坐、欲、榻、不、日"今读去声，为仄声；今演变为平声的"一"和"击"都处在可平可仄的位置上。从《平水韵》和《中华通韵》的角度看，此诗都符合律诗的平仄律。

**满江红**

宋·岳飞

怒发冲冠，凭栏处、潇潇雨歇。

抬望眼、仰天长啸，壮怀激烈。

三十功名尘与土，八千里路云和月。

莫等闲、白了少年头，空悲切。


靖康耻，犹未雪。

臣子恨，何时灭。

驾长车踏破，贺兰山缺。

壮志饥餐胡虏肉，笑谈渴饮匈奴血。

待从头、收拾旧山河，朝天阙。

《满江红》的词谱为：

  中仄平平，平中仄、中平中仄（韵）。

  平仄仄、仄平平仄，仄平中仄（韵）。

  中仄中平平仄仄，中平中仄平平仄（韵）。

  中中中、中仄仄平平，平平仄（韵）。


  中中仄，平仄仄（韵）。

  平仄仄，平平仄（韵）。

  仄平平中仄，仄平平仄（韵）。

  中仄中平平仄仄，中平中仄平平仄（韵）。

  中中中、中仄仄平平，平平仄（韵）。

  韵字选择：此词用"鹅韵"，韵字为"歇（xiē）、烈（liè）、月（yuè）、切（qiè）、雪（xuě）、灭（miè）、缺（quē）、血（xuè）、阙（què）"。

  平仄分析：此词中的入声字有"发、歇、激、烈、十、八、月、莫、白、切、雪、灭、踏、缺、渴、血、拾、阙"。其中"歇、激、八、缺"今读阴平，"十、白、拾"今读阳平，为平声；"雪、渴"今读上声，"发、烈、月、莫、切、灭、踏、血、阙"今读去声，为仄声。出现在可平可仄位置上的有"激、八、莫、白、踏、渴",出现在仄声位置上的有"发、歇、烈、十、月、切、雪、灭、缺、血、拾、阙",按《词林正韵》的归类,都符合《满江红》的平仄律,但是由于语音演变,出现在仄声位置上的"歇、十、缺、拾"今天变成平声了。

### 〔北南吕·四块玉〕别情

元·关汉卿

自送别,心难舍,

一点相思几时绝?

凭阑袖拂杨花雪。

溪又斜,山又遮,人去也!

《北南吕·四块玉》的曲谱为:

仄仄平(韵),平平仄(韵),

中仄平平仄仄平(韵),

中平中仄平平仄(韵)。

仄仄平,仄仄平(韵),平仄仄(韵)。

韵字选择:此曲用"鹅韵",韵字为"别(bié)、舍(shě)、绝(jué)、雪(xuě)、斜(xié)、遮(zhē)、也(yě)"。值得注意的是此曲中的"舍、遮"的韵母是"e","别、斜、也"的韵母是"ie","绝、雪"的韵母是"üe",从此曲用韵的情况看,"e、ie、üe"三个韵母是同韵的。

平仄分析:此曲中的入声字有"别、一、绝、拂、雪"。其中"一"今读阴平,"别、绝、拂"今读阳平,为平声;"雪"今读上声,为仄声。在《中原音韵》中,"别、绝"是"入声作平声",在此曲中都出现在曲谱的平声位置上;"一、拂、雪"是"入声作上声","一"出现在可平可仄的位置上,"拂、雪"出现在仄声位置上,完全符合曲谱的规定。从《中原音韵》和《中华通韵》的角度看,此曲都符合《北南吕·四块玉》的平仄律。曲中第三句的"时"当用仄声,但这与入声字无关。

## 秋歌（节选）

郭小川

呵，秋云、秋水、秋天的明月，
哪一样不曾印上我们的心血！

呵，秋花、秋实、秋天的红叶，
哪一样不曾浸透我们的汗液！

历史的高山呵，层层叠叠！
我们又爬上十丈高坡百级阶。

战斗的途程呵，绵延不绝！
我们又踏破千顷荒沙万里雪。

回身看：垒固、沟深、西风烈，
请问：谁敢迈步从头越？

回头望：山高、水急、冰川裂，
请问：谁不以手抚膺长咨嗟？

风中的野火呵，长明不灭！
有多险的关隘，就有多勇的行列。

浪里的渔舟呵，身轻如蝶！
有多大的艰难，就有多壮的胆略。

我曾随着大队杀过茫茫夜，

此刻又唱"雄关漫道真如铁"。

我曾随着战友访问黄洋界，

当年的白军不知何处死荒野！

此诗押"鹅韵"，韵字为"月（yuè）、血（xuè）、叶（yè）、液（yè）、叠（dié）、阶（jiē）、绝（jué）、雪（xuě）、烈（liè）、越（yuè）、裂（liè）、嗟（jiē）、灭（miè）、列（liè）、蝶（dié）、略（lüè）、夜（yè）、铁（tiě）、界（jiè）、野（yě）"。

# 四、衣韵

| 韵基 | | i | | | |
|---|---|---|---|---|---|
| 韵母 | | i（-i（前）、-i（后）） | | | |
| 声调 | | 阴平 | 阳平 | 上声 | 去声 |
| 字数 | 四声 | 270 | 257 | 160 | 431 |
| | 合计 | 1118 | | | |
| 占比 | 四声 | 3.146% | 2.995% | 1.865% | 5.023% |
| | 合计 | 13.029% | | | |

### 和子由渑池怀旧

宋·苏轼

人生到处知何似，应似飞鸿踏雪泥。

泥上偶然留指爪，鸿飞那复计东西。

老僧已死成新塔，坏壁无由见旧题。

往日崎岖还记否，路长人困蹇驴嘶。

此诗的格式为：

　　　　平平⟨仄⟩仄平平仄，⟨仄⟩仄平平⟨仄⟩仄平（韵）。
　　　　⟨仄⟩仄⟨平⟩平平仄仄，平平⟨平⟩仄仄平平（韵）。
　　　　平平⟨仄⟩仄平平仄，⟨仄⟩仄平平⟨仄⟩仄平（韵）。
　　　　⟨仄⟩仄⟨平⟩平平仄仄，平平⟨平⟩仄仄平平（韵）。

　　韵字选择：此诗用"衣韵"，韵字为"泥（ní）、西（xī）、题（tí）、嘶（sī）"。在《平水韵》中此诗押的是上平声"八齐"韵。在《中华通韵》中它们属于"衣韵"，"泥、西、题"的韵母是"i"，"嘶"的韵母是"-i"，现代汉语的"-i"很大一部分是由古音的"i"演变来的，它们有历史渊源，在普通话音位上是互补的，所以归并为一个韵部。

　　平仄分析：此诗中的入声字有"踏、雪、复、塔、壁、日"，其中"雪、塔"今读上声，"踏、复、壁、日"今读去声，均为仄声。从《平水韵》和《中华通韵》的角度看，这些字都是仄声，它们入诗以后，或者处在仄声位置上，或者处在可平可仄的位置上。此诗完全符合律诗的平仄律。

阮　郎　归
宋·宋德广

　　　　好风吹月过楼西，楼前人影稀。
　　　　杜鹃啼断绿杨枝，行人知不知。

　　　　红叶字，断肠诗，从今懒再题。
　　　　后园零落淡胭脂，似君初去时。

《阮郎归》的词谱为：

　　　　中平中仄仄平平（韵），中平中仄平（韵）。
　　　　中平中仄仄平平（韵），中平中仄平（韵）。

　　　　平仄仄，仄平平（韵），中平中仄平（韵）。
　　　　中平中仄仄平平（韵），中平中仄平（韵）。

韵字选择：此词用"衣韵"，韵字为"西（xī）、稀（xī）、枝（zhī）、知（zhī）、诗（shī）、题（tí）、脂（zhī）、时（shí）"。在《词林正韵》中此词押的是第三部"支微齐灰（半）"。在《中华通韵》中它们属于"衣韵"，"西、稀、题"的韵母是"i"，"枝、知、诗、脂、时"的韵母是"-i"，现代汉语的"-i"很大一部分是由古音的"i"演变来的，它们有历史渊源，在普通话音位上是互补的，所以归并为一个韵部。

平仄分析：此词中的入声字有"月、绿、不、叶、落"，今读都是去声，为仄声。从《词林正韵》和《中华通韵》的角度看，这些字平仄归类是完全一致的，此词符合《阮郎归》的平仄律。

### 〔南商调·黄莺儿〕客枕恨邻鸡

明·杨慎

客枕恨邻鸡，

未明时、又早啼，

惊人好梦回千里。

星河影低，云烟望迷，

鸡声才罢鸦声起。

冷凄凄，

高楼独倚，

残月挂天西。

《南商调·黄莺儿》的曲谱为：

中仄仄平平（韵），

仄平平、中仄平（韵），

中平中仄平平仄（韵）。

中平仄平（韵），中平仄平（韵），

中平中仄平平仄（韵）。

仄平平（韵），

中平中仄，

中仄仄平平（韵）。

韵字选择：此曲用"衣韵"，韵字为"鸡（jī）、啼（tí）、里（lǐ）、低（dī）、迷（mí）、起（qǐ）、凄（qī）、倚（yǐ）、西（xī）"。此曲是同韵基的字平仄通押。

平仄分析：此曲中的入声字有"客、独、月"。其中"独"今读阳平，为平声；"客、月"今读去声，为仄声。在《中原音韵》中，"独"是"入声作平声"，"客"是"入声作上声"，"月"是"入声作去声"，"客"和"独"出现在可平可仄的位置上，"月"出现在仄声位置上，完全符合曲谱的规定。从《中原音韵》和《中华通韵》的角度看，此曲都符合《南商调·黄莺儿》的平仄律。

### 诗八首（其三）

穆旦

你底年龄里的小小野兽，

它和春草一样地呼吸，

它带来你底颜色，芳香，丰满，

它要你疯狂在温暖的黑暗里。


我越过你大理石的理智殿堂，

而为它埋藏的生命珍惜；

你我底手底接触是一片草场。

那里有它底固执，我底惊喜。

此诗押"衣韵"，韵字为"吸（xī）、里（lǐ）、惜（xī）、喜（xǐ）"。

### 惠安女子

舒婷

野火在远方，远方

在你琥珀色的眼睛里


以古老部落的银饰

约束柔软的腰肢

幸福虽不可预期，但少女的梦

蒲公英一般徐徐落在海面上

呵，浪花无边无际


天生不爱倾诉苦难

并非苦难已经永远绝迹

当洞箫和琵琶在晚照中

唤醒普遍的忧伤

你把头巾一角轻轻咬在嘴里


这样优美地站在海天之间

令人忽略了：你的裸足

所踩过的碱滩和礁石

于是，在封面和插图中

你成为风景，成为传奇

此诗押"衣韵"，韵字为"里（lǐ）、饰（shì）、肢（zhī）、际（jì）、迹（jì）、里（lǐ）、石（shí）、奇（qí）"。此诗中韵脚"里、际、迹、里、奇"的韵母是"i"，韵脚"饰、肢、石"的韵母是"-i"，"-i"是"i"的条件变体，属于同一个音位。


## 五、乌韵

| 韵基 | u | | | |
|---|---|---|---|---|
| 韵母 | u | | | |
| 声调 | 阴平 | 阳平 | 上声 | 去声 |

续表

| 字数 | 四声 | 130 | 181 | 135 | 242 |
|------|------|------|------|------|------|
|      | 合计 | 688 | | | |
| 占比 | 四声 | 1.515% | 2.109% | 1.573% | 2.820% |
|      | 合计 | 8.018% | | | |

## 异 俗

唐·李商隐

户尽悬秦网，家多事越巫。

未曾容獭祭，只是纵猪都。

点对连鳌饵，搜求缚虎符。

贾生兼事鬼，不信有洪炉。

此诗的格式为：

仄仄平平仄，平平仄仄平（韵）。

平平平仄仄，仄仄仄平平（韵）。

仄仄平平仄，平平仄仄平（韵）。

平平平仄仄，仄仄仄平平（韵）。

韵字选择：此诗用"乌韵"，韵字为"巫（wū）、都（dū）、符（fú）、炉（lú）"。

平仄分析：此诗中的入声字有"越、獭"。其中"獭"今读上声，"越"今读去声，古今均为仄声，在诗中处在仄声位置上。从《平水韵》和《中华通韵》的角度看，此诗都符合律诗的平仄律。

## 一剪梅·丙辰冬长沙作

宋·赵师侠

暖日烘梅冷未苏。

脱叶随风，独见枯株。

先春占早又何如。

玉点枝头，犹自萧疏。

江北江南景不殊。

雪里花清，月下香浮。

他年调鼎费工夫。

且与藏春，处士西湖。

《一剪梅》的词谱为：

中仄平平中仄平（韵）。

中仄平平，中仄平平（韵）。

中平中仄仄平平。

中仄平平，中仄平平（韵）。


中仄平平中仄平（韵）。

中仄平平，中仄平平（韵）。

中平中仄仄平平。

中仄平平，中仄平平（韵）。

韵字选择：此词用"乌韵"，韵字为"苏（sū）、株（zhū）、如（rú）、疏（shū）、殊（shū）、浮（fú）、夫（fū）、湖（hú）"。

平仄分析：此词中的入声字有"日、脱、叶、独、玉、北、不、雪、月"。其中"脱"今读阴平，"独"今读阳平，为平声，两字都处在可平可仄的位置上。"北、雪"今读上声，"日、叶、玉、不、月"今读去声，为仄声。在此词中，"日、叶、北、不"处在仄声位置上，"玉、雪、月"处在可平可仄的位置上。从《词林正韵》和《中华通韵》的角度看，此词都符合《一剪梅》的平仄律。

### 〔北中吕·山坡羊〕潼关怀古

元·张养浩

峰峦如聚，波涛如怒，

山河表里潼关路。

望西都，意踌躇。

伤心秦汉经行处，

宫阙万间都做了土。

兴，百姓苦；

亡，百姓苦！

《北中吕·山坡羊》的曲谱为：

中平中去，中平中去（韵），

中平中仄平平去（韵）。

仄平平（韵），仄平平（韵）。

中平中仄平平去（韵），

中仄中平平去上（韵）。

平，中去上（韵）；

平，中去上（韵）。

韵字选择：此曲用"乌韵"，韵字为"怒（nù）、路（lù）、都（dū）、蹰（chú）、处（chù）、土（tǔ）、苦（kǔ）、苦（kǔ）"。

平仄分析：此曲中的入声字有"阙、做、百"。其中"百"今读上声，"阙、做"今读去声，为仄声。《中原音韵》中"阙、百"都属于"入声作上声"。另外，曲中"做了土"的"了"是衬字。从《中原音韵》和《中华通韵》的角度看，此曲都符合《北中吕·山坡羊》的平仄律。

## 泥　土

鲁藜

老是把自己当作珍珠

就时时有怕被埋没的痛苦

把自己当作泥土吧

让众人把你踩成一条道路

此诗押"乌韵"，韵字为"珠（zhū）、苦（kǔ）、路（lù）"。

# 六、迂韵

| 韵基 | | ü | | |
|---|---|---|---|---|
| 韵母 | | ü | | |
| 声调 | | 阴平 | 阳平 | 上声 | 去声 |
| 字数 | 四声 | 65 | 69 | 61 | 109 |
| | 合计 | 304 | | | |
| 占比 | 四声 | 0.757% | 0.804% | 0.711% | 1.270% |
| | 合计 | 3.543% | | | |

### 送伯镇守湖州

宋·刘敞

冯公白首敞长裾，莱子斑衣乐有余。

金马门前歌避世，水精宫里奉安舆。

万重岩岫高藏日，百丈溪前俯见鱼。

去去春风称行乐，京尘回首忆离居。

此诗的格式为：

平平仄仄仄平平（韵），仄仄平平仄仄平（韵）。

仄仄平平平仄仄，平平仄仄仄平平（韵）。

平平仄仄平平仄，仄仄平平仄仄平（韵）。

仄仄平平平仄仄，平平仄仄仄平平（韵）。

韵字选择：此诗用"迂韵"，韵字为"裾（jū）、余（yú）、舆（yú）、鱼（yú）、居（jū）"。

平仄分析：此诗中的入声字有"白、乐、日、百"。其中"白"今读阳平，为平声，处在可平可仄的位置上。"百"今读上声，"乐、日"今读去声，为仄声。"百"处在可平可仄的位置上；"乐"出现两次，一次处在可平可仄的位置上，一次处在仄声位置上；"日"在诗中处在仄声位置上。从《平水韵》和《中华通韵》的角度看，此诗都符合律诗的平仄律。

**鹊桥仙·夜闻杜鹃**

宋·陆游

茅檐人静，蓬窗灯暗，

春晚连江风雨。

林莺巢燕总无声，

但月夜、常啼杜宇。


催成清泪，惊残孤梦，

又拣深枝飞去。

故山犹自不堪听，

况半世、飘然羁旅。

《鹊桥仙》的词谱为：

中平中仄，中平中仄，

中仄中平中仄（韵）。

中平中仄仄平平，

仄中仄、平平中仄（韵）。


中平中仄，中平中仄，

中仄中平中仄（韵）。

中平中仄仄平平，

仄中仄、平平中仄（韵）。

韵字选择：此词用"迂韵"，韵字为"雨（yǔ）、宇（yǔ）、去（qù）、旅（lǚ）"。

平仄分析：此词中的入声字有"月、夜、不"。三字今读都是去声，为仄声。在此词中，"月"处在可平可仄的位置上，"夜"和"不"处在仄声位置上。从《词林正韵》和《中华通韵》的角度看，此词都符合《鹊桥仙》的平仄律。

### 〔北双调·清江引〕即景

元·乔吉

垂杨翠丝千万缕，

惹住闲情绪。

和泪送春归，

倩水将愁去，

是溪边落红昨夜雨。

《北双调·清江引》的曲谱为：

中平中平平仄仄（韵），

中仄平平仄（韵）。

中仄中平平，

中仄平平仄（韵），

中平中平平仄仄（韵）。

韵字选择：此曲用"迁韵"，韵字为"缕（lǚ）、绪（xù）、去（qù）、雨（yǔ）"。在另一格式中，第三句为"平平仄仄平"。

平仄分析：此曲中的入声字有"落、昨"。其中"昨"今读阳平，为平声；"落"今读去声，为仄声。《中原音韵》中"落"为"入声作去声"，在此曲中处在可平可仄的位置上；"昨"字《中原音韵》未收，在此曲中处在平声位置上。最后一句的首字"是"是一个衬字。从《中原音韵》和《中华通韵》的角度看，此曲都符合《北双调·清江引》的平仄律。

### 血字（节选）

殷夫

今日他们的天堂，

他日他们的地狱，

今日我们的血液写成字，

异日他们的泪水可入浴。

此诗押"迁韵"，韵字为"狱（yù）、浴（yù）"。

# 七、哀韵

| 韵基 | | ai | | | |
|---|---|---|---|---|---|
| 韵母 | | ai、uai | | | |
| 声调 | | 阴平 | 阳平 | 上声 | 去声 |
| 字数 | 四声 | 50 | 48 | 57 | 116 |
| | 合计 | 271 | | | |
| 占比 | 四声 | 0.583% | 0.559% | 0.664% | 1.352% |
| | 合计 | 3.158% | | | |

与张折冲游耆阇寺

唐·孟浩然

释子弥天秀，将军武库才。

横行塞北尽，独步汉南来。

贝叶传金口，山楼作赋开。

因君振嘉藻，江楚气雄哉。

此诗的格式为：

仄仄平平仄，平平仄仄平（韵）。

平平平仄仄，仄仄仄平平（韵）。

仄仄平平仄，平平仄仄平（韵）。

平平平仄仄，仄仄仄平平（韵）。

韵字选择：此诗用"哀韵"，韵字为"才（cái）、来（lái）、开（kāi）、哉（zāi）"。

平仄分析：此诗中的入声字有"释、塞、北、独、叶"。其中"独"今读阳平，为平声，在此诗中处在可平可仄的位置上。"北"今读上声，

"释、塞、叶"今读去声，为仄声。在此诗中"释"处在可平可仄的位置上，"北"和"叶"处在仄声位置上，都符合律诗平仄律的规定。这首诗的平仄有两点需要说明：一是第三句中的"塞"出现在平声位置上，使得"横行塞北尽"出现了三仄尾，但律诗对三仄尾的要求没有三平尾那么严；二是第七句出现了"因君振嘉藻"（"平平仄平仄"）的拗救句，在律诗中"平平仄平仄"的拗救句出现频率极高，有的学者甚至认为，它是更为常见的律句。

### 喜 春 来

金·元好问

梅残玉靥香犹在，

柳破金梢眼未开。

东风和气满楼台。

桃杏拆，宜唱喜春来。

《喜春来》的词谱为：

中平仄仄平平仄（韵），

中仄平平仄仄平（韵）。

中平中仄仄平平（韵）。

平仄仄，平仄仄平平（韵）。

韵字选择：此词用"哀韵"，韵字为"在（zài）、开（kāi）、台（tái）、来（lái）"。此词为平仄通叶格，"在"为仄韵，"开、台、来"为平韵。在另一格式中，第四句为"仄仄平（韵）"。

平仄分析：此词中的入声字有"玉、靥、拆"。其中"玉"和"靥"今读去声，为仄声，在词中处在仄声位置上，符合词谱规定。"拆"今读阴平，为平声，在词中处在仄声位置上，于古音合，与今音异。

### 〔南仙吕入双调·松下乐〕

明·沈璟

佳人玉腕枕香腮，似一朵莲花藕上开。

怕等闲睡损多娇态，故高声惊觉他来。

他溜秋波倚玉台，忙系着拦胸带。

再簇着金凤钗，笑吟吟问甚日归来。

《南仙吕入双调·松下乐》的曲谱为：

平平入去上平平（韵），入上平平上上平（韵）。

上平去上平平去（韵），去平平平去平平（韵）。

去平平上入平（韵），平去平平平去（韵）。

去平平平去平（韵），去平平去入平平（韵）。

韵字选择：此曲用"哀韵"，韵字为"腮（sāi）、开（kāi）、态（tài）、来（lái）、台（tái）、带（dài）、钗（chāi）、来（lái）"。此曲平仄通叶，"腮、开、来、台、钗、来"为平韵，"态、带"为仄韵。

平仄分析：此曲不仅平仄严格对应，平上去入四声对应也十分严格。"似、怕、他、问"为衬字。从《中原音韵》和《中华通韵》的角度看，此曲都符合《南仙吕入双调·松下乐》的平仄律。

## 可　知

戴望舒

可知怎的旧时的欢乐，

到回忆都变作悲哀，

在月暗灯昏时候

重重地兜上心来，

啊，我的欢爱！

为了如今惟有愁和苦，

朝朝的难遣难排，

恐惧以后无欢日，

愈觉得旧时难再，

啊，我的欢爱！

可是只要你能爱我深，

只要你深情不改，

这今日的悲哀，

会变作来朝的欢快，

啊，我的欢爱！

否则悲苦难排解，

幽暗重重向我来，

我将含怨沉沉睡，

睡在那碧草青苔，

啊，我的欢爱！

此诗押"哀韵"，韵字为"哀（āi）、来（lái）、爱（ài）、排（pái）、再（zài）、爱（ài）、改（gǎi）、快（kuài）、爱（ài）、来（lái）、苔（tái）、爱（ài）"。

## 八、欸韵

| 韵基 | | ei | | | |
|---|---|---|---|---|---|
| 韵母 | | ei、uei | | | |
| 声调 | | 阴平 | 阳平 | 上声 | 去声 |
| 字数 | 四声 | 100 | 91 | 76 | 172 |
| | 合计 | 439 | | | |
| 占比 | 四声 | 1.165% | 1.060% | 0.886% | 2.004% |
| | 合计 | 5.116% | | | |

### 送长洲居山人士贞

明·徐渭

客里尊罍每见陪，那能不饮送将归。

歌长筑短堪流泪，雉叫鹰呼未解围。

雨雪尚淹春箨荐，清明还竞夜饧非。

乡风处处从来异，曾宿阊门记忆微。

此诗的格式为：

仄仄平平仄仄平（韵），平平仄仄仄平平（韵）。

平平仄仄平平仄，仄仄平平仄仄平（韵）。

仄仄平平平仄仄，平平仄仄仄平平（韵）。

平平仄仄平平仄，仄仄平平仄仄平（韵）。

韵字选择：此诗用"欻韵"，韵字为"陪（péi）、归（guī）、围（wéi）、非（fēi）、微（wēi）"。

平仄分析：此诗中的入声字有"客、不、筑、雪、箨、夜、宿"。其中"雪"今读上声，"客、不、筑、箨、夜、宿"今读去声，皆为仄声。"雪、箨、夜、宿"处在仄声位置上，"客、不、筑"处在可平可仄的位置上。从《平水韵》和《中华通韵》的角度看，此诗都符合律诗的平仄律。

### 十六字令·归字谣

宋·袁去华

归，

目断吾庐小翠微。

斜阳外，白鸟傍山飞。

《十六字令》的词谱为：

平（韵），

中仄平平仄仄平（韵）。

平平仄，中仄仄平平（韵）。

韵字选择：此词用"欸韵"，韵字为"归（guī）、微（wēi）、飞（fēi）"。

平仄分析：此词中的入声字有"目、白"。"白"今读阳平，为平声；"目"今读去声，为仄声。在此词中，它们都处在可平可仄的位置上。从《词林正韵》和《中华通韵》的角度看，此词都符合《十六字令》的平仄律。

〔北双调·蟾宫曲〕丽华

元·卢挚

叹南朝、六代倾危，

结绮临春，今已成灰。

惟有台城，

挂残阳、水绕山围。

胭脂井、金陵草蔓，

后庭空、玉树花飞。

燕舞莺啼，王谢堂前，

待得春归。

《北双调·蟾宫曲》的曲谱为：

中中中、中仄平平（韵），

中仄平平，中仄平平（韵）。

中仄平平，中平中（仄），

中仄平平（韵）。

中中中、中平上平，

中中中、中仄平平（韵）。

中仄平平，中仄平平，

（中仄平平，）中仄平平（韵）。

韵字选择：此曲用"欸韵"，韵字为"危（wēi）、灰（huī）、围（wéi）、飞（fēi）、归（guī）"。

平仄分析：此曲中的入声字有"六、结、玉、得"。其中"结、得"今读阳平，为平声；"六、玉"今读去声，为仄声。《中原音韵》中"结、得"为"入声作上声"，"六、玉"为"入声作去声"，均为仄声。在此曲中，"六、结、玉"处在可平可仄的位置上，"得"处在仄声位置上，符合《北双调·蟾宫曲》的平仄律。

## 也　许

### 闻一多

也许你真是哭得太累，
也许，也许你要睡一睡，
那么叫苍鹰不要咳嗽，
蛙不要号，蝙蝠不要飞。


不许阳光拨你的眼帘，
不许清风刷上你的眉，
无论谁都不能惊醒你，
撑一伞松荫庇护你睡。


也许你听这蚯蚓翻泥，
听这小草的根须吸水，
也许你听这般的音乐，
比那咒骂的人声更美。


那么你先把眼皮闭紧，
我就让你睡，我让你睡，
我把黄土轻轻盖着你，
我叫纸钱儿缓缓的飞。

此诗押"欸韵"，韵字为"累（lèi）、睡（shuì）、飞（fēi）、眉

（méi）、睡（shuì）、水（shuǐ）、美（měi）、睡（shuì）、飞（fēi）"。

## 九、熬韵

| 韵基 | | ao | | | |
|---|---|---|---|---|---|
| 韵母 | | ao、iao | | | |
| 声调 | | 阴平 | 阳平 | 上声 | 去声 |
| 字数 | 四声 | 177 | 166 | 122 | 190 |
| | 合计 | 655 | | | |
| 占比 | 四声 | 2.063% | 1.935% | 1.422% | 2.214% |
| | 合计 | 7.633% | | | |

### 寄沈褒秀才

唐·杜牧

晴河万里色如刀，处处浮云卧碧桃。

仙桂茂时金镜晓，洛波飞处玉容高。

雄如宝剑冲牛斗，丽似鸳鸯养羽毛。

他日忆君何处望，九天香满碧萧骚。

此诗的格式为：

平平仄仄仄平平（韵），仄仄平平仄仄平（韵）。

仄仄平平平仄仄，平平仄仄仄平平（韵）。

平平仄仄平平仄，仄仄平平仄仄平（韵）。

仄仄平平平仄仄，平平仄仄仄平平（韵）。

韵字选择：此诗用"熬韵"，韵字为"刀（dāo）、桃（táo）、高（gāo）、毛（máo）、骚（sāo）"。

平仄分析：此诗中的入声字有"色、碧、洛、玉、日、忆"，今读都是去声，为仄声。"色、碧、玉、日"处在仄声位置上，"洛"和"忆"处在可平可仄的位置上。从《平水韵》和《中华通韵》的角度看，此诗都符合律诗的平仄律。

### 渔 家 傲

宋·欧阳修

暖日迟迟花袅袅，

人将红粉争花好。

花不能言惟解笑。

金壶倒，

花开未老人年少。


车马九门来扰扰，

行人莫羡长安道。

丹禁漏声衢鼓报。

催昏晓，

长安城里人先老。

《渔家傲》的词谱为：

中仄中平平仄仄（韵），

中平中仄平平仄（韵）。

中仄中平平仄仄（韵）。

平中仄（韵），

中平中仄平平仄（韵）。


中仄中平平仄仄（韵），

中平中仄平平仄（韵）。

中仄中平平仄仄（韵）。

平中仄（韵），

中平中仄平平仄（韵）。

韵字选择：此词用"熬韵"，韵字为"袅（niǎo）、好（hǎo）、笑

（xiào）、倒（dǎo）、少（shào）、扰（rǎo）、道（dào）、报（bào）、晓（xiǎo）、老（lǎo）"。上声和去声通押。

平仄分析：此词中的入声字有"日、不、莫"。三字今读都是去声，为仄声。"日、不"处在仄声位置上，"莫"处在可平可仄的位置上。从《词林正韵》和《中华通韵》的角度看，此词都符合《渔家傲》的平仄律。

〔北中吕·满庭芳〕

元·姚燧

天风海涛，

昔人曾此，

酒圣诗豪。

我到此、闲登眺，

日远天高。

山接水、茫茫渺渺，

水连天、隐隐迢迢。

供吟笑，

功名事了，

不待老僧招。

《北中吕·满庭芳》的曲谱为：

平平仄平（韵），

中平中仄，

中仄平平（韵）。

中中中、中平平（韵），

中仄平平（韵）。

中中仄、平平仄平（韵），

中中平、中仄平平（韵）。

平平去（韵），

平平去平（韵），

中仄仄平平（韵）。

韵字选择：此曲用"熬韵"，韵字为"涛（tāo）、豪（háo）、眺（tiào）、高（gāo）、渺（miǎo）、迢（tiáo）、笑（xiào）、了（liǎo）、招（zhāo）"。此曲平仄通押，"涛、豪、高、迢、招"为平声韵，"眺、渺、笑、了"为仄声韵。"了"字按曲谱应该用平声韵（"了"在中古时期有两读，一为平声"萧韵"，一为上声"篠韵"）。

平仄分析：此曲中的入声字有"昔、日、接、不"。其中"昔、接"今读阴平，为平声；"日、不"今读去声，为仄声。在《中原音韵》中"昔"属于"入声作平声"，"接"属于"入声作上声"，"日"和"不"属于"入声作去声"，但是四字都处在曲谱中可平可仄的位置上。从《中原音韵》和《中华通韵》的角度看，此曲都符合《北中吕·满庭芳》的平仄律。

## 一 朵 野 花

陈梦家

一朵野花在荒原里开了又落了，

不想到这小生命，向着太阳发笑，

上帝给他的聪明他自己知道，

他的欢喜，他的诗，在风前轻摇。


一朵野花在荒原里开了又落了，

他看见青天，看不见自己的渺小，

听惯风的温柔，听惯风的怒号，

就连他自己的梦也容易忘掉。

此诗押"熬韵"，韵字为"了（liǎo）、笑（xiào）、道（dào）、摇（yáo）、了（liǎo）、小（xiǎo）、号（háo）、掉（diào）"。此诗中的"了"，如果读作轻声的"le"，则不算押韵。

## 十、欧韵

| 韵基 | | ou | | | |
|---|---|---|---|---|---|
| 韵母 | | ou、iou | | | |
| 声调 | | 阴平 | 阳平 | 上声 | 去声 |
| 字数 | 四声 | 105 | 105 | 69 | 120 |
| | 合计 | 399 | | | |
| 占比 | 四声 | 1.224% | 1.224% | 0.804% | 1.398% |
| | 合计 | 4.650% | | | |

### 宫中行乐词

唐·李白

今日明光里，还须结伴游。

春风开紫殿，天乐下珠楼。

艳舞全知巧，娇歌半欲羞。

更怜花月夜，宫女笑藏钩。

此诗的格式为：

⟨仄⟩仄平平仄，平平⟨仄⟩仄平（韵）。

⟨平⟩平平仄仄，⟨仄⟩仄仄平平（韵）。

⟨仄⟩仄平平仄，平平⟨仄⟩仄平（韵）。

⟨平⟩平平仄仄，⟨仄⟩仄仄平平（韵）。

韵字选择：此诗用"欧韵"，韵字为"游（yóu）、楼（lóu）、羞（xiū）、钩（gōu）"。

平仄分析：此诗中的入声字有"日、结、乐、欲、月、夜"。其中"结"今读阳平，为平声；"日、乐、欲、月、夜"今读去声，为仄声。"日、乐、欲、月、夜"五字都处在仄声位置上，"结"处在可平可仄的位置上。从《平水韵》和《中华通韵》的角度看，此诗都符合律诗的平仄律。

<h2 style="text-align:center">一 剪 梅</h2>

宋·李清照

红藕香残玉簟秋。

轻解罗裳，独上兰舟。

云中谁寄锦书来？

雁字回时，月满西楼。


花自飘零水自流。

一种相思，两处闲愁。

此情无计可消除。

才下眉头，却上心头。

《一剪梅》的词谱为：

中仄平平中仄平（韵）。

中仄平平，中仄平平（韵）。

中平中仄仄平平。

中仄平平，中仄平平（韵）。


中仄平平中仄平（韵）。

中仄平平，中仄平平（韵）。

中平中仄仄平平。

中仄平平，中仄平平（韵）。

韵字选择：此词用"欧韵"，韵字为"秋（qiū）、舟（zhōu）、楼（lóu）、流（liú）、愁（chóu）、头（tóu）"。

平仄分析：此词中的入声字有"玉、独、月、一、却"。其中"一"今读阴平，"独"今读阳平，为平声；"玉、月、却"今读去声，为仄声。这五个字都出现在可平可仄的位置上。从《词林正韵》和《中华通韵》的角度看，此词都符合《一剪梅》的平仄律。

#### 〔北双调·水仙子〕夜雨

元·徐再思

一声梧叶一声秋，

一点芭蕉一点愁，

三更归梦三更后。

落灯花，棋未收，

叹新丰、孤馆人留。

枕上十年事，

江南二老忧，

都到心头。

《北双调·水仙子》的曲谱为：

中平中仄仄平平（韵），

中仄平平仄仄平（韵），

中平中仄平平仄（韵）。

仄平平，仄仄平（韵），

仄平平、中仄平平（韵）。

中仄中平仄（韵），

平平仄仄平（韵），

中仄平平（韵）。

韵字选择：此曲用"欧韵"，韵字为"秋（qiū）、愁（chóu）、后（hòu）、收（shōu）、留（liú）、忧（yōu）、头（tóu）"。此曲平仄通叶，"秋、愁、收、留、忧、头"为平声韵，"后"为仄声韵，按曲谱第七句的"事"应该押韵。

平仄分析：此曲中的入声字有"一、叶、落、十"。其中"一"今读阴平，"十"今读阳平，为平声；"叶"和"落"今读去声，为仄声。《中原音韵》中，"十"为"入声作平声"，"一"为"入声作上声"，"叶、落"为"入声作去声"。在此曲中"一"出现四次，两次出现在仄声位置上，两次出现在可平可仄的位置上；"叶、落"出现在仄声位置上；"十"出现在可平可仄的位置上。从《中原音韵》和《中华通韵》的角度看，此曲都符合《北双调·水仙子》的平仄律。

**我 的 诗**

朱湘

只需有女郎

用她手指温柔

轻抚我诗章

与创疤——

此外我更无所求。


只需有女郎

为它一笑含羞，

笑声似笛腔

与鸟讴——

此外我更无所求。


只需有女郎

为它热了双眸，

珠泪洒篇旁

与卷头——

此外我更无所求。

此诗押"欧韵"，韵字为"柔（róu）、疣（yóu）、求（qiú）、羞（xiū）、讴（ōu）、求（qiú）、眸（móu）、头（tóu）、求（qiú）"。

# 十一、安韵

| 韵基 | an | | | |
|---|---|---|---|---|
| 韵母 | an、ian、uan、üan | | | |
| 声调 | 阴平 | 阳平 | 上声 | 去声 |
| 字数 四声 | 298 | 276 | 237 | 358 |
| 字数 合计 | 1169 | | | |
| 占比 四声 | 3.473% | 3.216% | 2.762% | 4.172% |
| 占比 合计 | 13.623% | | | |

## 崇政殿详定幕次偶题

### 宋·王安石

娇云漠漠护层轩，嫩水溅溅不见源。

禁柳万条金细撚，宫花一段锦新翻。

身闲始更知春乐，地广还同避世喧。

不恨玉盘冰未赐，清谈终日自躏烦。

此诗的格式为：

平平仄仄仄平平（韵），仄仄平平仄仄平（韵）。

仄仄平平平仄仄，平平仄仄仄平平（韵）。

平平仄仄平平仄，仄仄平平仄仄平（韵）。

仄仄平平平仄仄，平平仄仄仄平平（韵）。

韵字选择：此诗用"安韵"，韵字为"轩（xuān）、源（yuán）、翻（fān）、喧（xuān）、烦（fán）"。

平仄分析：此诗中的入声字有"漠、不、一、乐、玉、日"。其中"一"今读阴平，为平声；"漠、不、乐、玉、日"今读去声，为仄声。

"漠"出现两次，一次出现在可平可仄的位置上，一次出现在仄声位置上；"不"出现两次，都出现在可平可仄的位置上；"一"出现在可平可仄的位置上；"乐"和"日"出现在仄声位置上；"玉"出现在可平可仄的位置上。从《平水韵》和《中华通韵》的角度看，此诗都符合律诗的平仄律。

**浪 淘 沙**

五代·李煜

帘外雨潺潺，

春意阑珊。

罗衾不耐五更寒。

梦里不知身是客，

一晌贪欢。


独自莫凭栏，

无限江山。

别时容易见时难。

流水落花春去也，

天上人间。

《浪淘沙》的词谱为：

中仄仄平平（韵），

中仄平平（韵）。

中平中仄仄平平（韵）。

中仄中平平仄仄，

中仄平平（韵）。


中仄仄平平（韵），

中仄平平（韵）。

中平中仄仄平平（韵）。

中仄中平平仄仄，

中仄平平（韵）。

韵字选择：此词用"安韵"，韵字为"潺（chán）、珊（shān）、寒（hán）、欢（huān）、栏（lán）、山（shān）、难（nán）、间（jiān）"。

平仄分析：此词中的入声字有"不、客、一、独、莫、别、落"。其中"一"今读阴平，"独、别"今读阳平，为平声；"不、客、莫、落"今读去声，为仄声。在此词中，"不"出现两次，都出现在可平可仄的位置上；"客、莫"出现在仄声位置上；"一、独、别、落"出现在可平可仄的位置上。从《词林正韵》和《中华通韵》的角度看，此词都符合《浪淘沙》的平仄律。

### 〔北中吕·卖花声〕怀古

元·张可久

美人自刎乌江岸，

战火曾烧赤壁山，

将军空老玉门关。

伤心秦汉，生民涂炭，

读书人一声长叹！

《北中吕·卖花声》的曲谱为：

中平中仄平平仄（韵），

中仄平平仄仄平（韵），

中平中仄仄平平（韵）。

中平中仄，中平平去（韵），

仄平平、仄平平去（韵）。

韵字选择：此曲用"安韵"，韵字为"岸（àn）、山（shān）、关（guān）、汉（hàn）、炭（tàn）、叹（tàn）"。此曲平仄通叶，"山、关"为平声韵，"岸、汉、炭、叹"为仄声韵。

平仄分析：此曲中的入声字有"赤、壁、玉、读、一"。其中"一"今读阴平，"读"今读阳平，为平声；"赤、壁、玉"今读去声，为仄声。《中原音韵》中，"读"为"入声作平声"，"赤、壁、一"为"入声作上声"，"玉"为"入声作去声"。在此曲中"赤、壁、玉、读、一"都处在仄声位置上。从《中原音韵》和《中华通韵》的角度看，此曲都符合《北中吕·卖花声》的平仄律。

### 既　然

徐敬亚

既然

前，不见岸

后，也远离了岸

既然

脚下踏着波澜

又注定终生恋着波澜

既然

能托起安眠的礁石

已沉入海底

既然

与彼岸尚远

隔一海苍天

那么，便把一生交给海吧

交给前方没有标出的航线！

此诗押"安韵"，韵字为"然（rán）、岸（àn）、岸（àn）、然（rán）、澜（lán）、澜（lán）、然（rán）、然（rán）、远（yuǎn）、天（tiān）、线（xiàn）"。

## 十二、恩韵

| 韵基 | en | | | |
|---|---|---|---|---|
| 韵母 | en、in、uen、ün | | | |
| 声调 | 阴平 | 阳平 | 上声 | 去声 |
| 字数 四声 | 211 | 170 | 105 | 184 |
| 字数 合计 | 670 | | | |
| 占比 四声 | 2.459% | 1.981% | 1.224% | 2.144% |
| 占比 合计 | 7.808% | | | |

### 酬张少府

唐·王维

晚年唯好静，万事不关心。

自顾无长策，空知返旧林。

松风吹解带，山月照弹琴。

君问穷通理，渔歌入浦深。

此诗的格式为：

⑨平平仄仄，⑧仄仄平平（韵）。

⑧仄平平仄，平平⑧仄平（韵）。

⑨平平仄仄，⑧仄仄平平（韵）。

⑧仄平平仄，平平⑧仄平（韵）。

韵字选择：此诗用"恩韵"，韵字为"心（xīn）、林（lín）、琴（qín）、深（shēn）"。

平仄分析：此诗中的入声字有"不、策、月、入"，四字今读都是去声，为仄声。在此诗中，"不、策、月"处在仄声位置上，"入"处在可平可仄的位置上。从《平水韵》和《中华通韵》的角度看，此诗都符合律诗的平仄律。

## 采 桑 子

宋·晏几道

前欢几处笙歌地，长负登临。

月幌风襟，犹忆西楼着意深。

莺花见尽当时事，应笑如今。

一寸愁心，日日寒蝉夜夜砧。

《采桑子》的词谱为：

中平中仄平平仄，中仄平平（韵）。

中仄平平（韵），中仄平平中仄平（韵）。

中平中仄平平仄，中仄平平（韵）。

中仄平平（韵），中仄平平中仄平（韵）。

韵字选择：此词用"恩韵"，韵字为"临（lín）、襟（jīn）、深（shēn）、今（jīn）、心（xīn）、砧（zhēn）"。

平仄分析：此词中的入声字有"月、忆、着、一、日、夜"。其中"一"今读阴平，"着"今读阳平，为平声；"月、忆、日、夜"今读去声，为仄声。在此词中，"月、着、一"处在可平可仄的位置上；"忆"处在仄声位置上；叠音的"日日"和"夜夜"，第一个音节处在可平可仄的位置上，第二个音节处在仄声位置上。从《词林正韵》和《中华通韵》的角度看，此词都符合《采桑子》的平仄律。

## 〔北越调·小桃红〕

元·任昱

山林钟鼎未谋身，不觉生秋鬓。

汉水秦关古今恨，谩劳神，

何须斗大黄金印。

渔樵近邻，田园随分。

甘作武陵人。

《北越调·小桃红》的曲谱为：

中平中仄仄平平（韵），中仄平平去（韵）。

中仄平平仄平去（韵），仄平平（韵），

中平中去平平去（韵）。

平平中平（韵），中平中去（韵）。

中仄仄平平（韵）。

韵字选择：此曲用"恩韵"，韵字为"身（shēn）、鬓（bìn）、恨（hèn）、神（shén）、印（yìn）、邻（lín）、分（fèn）、人（rén）"。此曲平仄通叶，"身、神、邻、人"为平声韵，"鬓、恨、印、分"为仄声韵。

平仄分析：此曲中的入声字有"不、觉、作"。其中"觉"今读阳平，为平声；"不"和"作"今读去声，为仄声。《中原音韵》中"不、觉、作"三字都是"入声作上声"。在此曲中，"不"处在可平可仄的位置上，"觉"和"作"处在仄声位置上。从《中原音韵》和《中华通韵》的角度看，此曲都符合《北越调·小桃红》的平仄律。

### 海上的声音

方玮德

那天我和她走海上过，

她给我一贯钥匙一把锁，

她说：开你心上的门，

让我放进去一颗心，

"请你收存，

请你收存。"

今天她叫我再开那扇门，

我的钥匙早丢掉在海滨。

成天我在海上找寻，

我听到云里的声音：

"要我的心，

要我的心。"

此诗押"恩韵"，韵字为"门（mén）、心（xīn）、存（cún）、存（cún）、门（mén）、滨（bīn）、寻（xún）、音（yīn）、心（xīn）、心（xīn）"。

# 十三、昂韵

| 韵基 | | ang | | | |
|---|---|---|---|---|---|
| 韵母 | | ang、iang、uang | | | |
| 声调 | | 阴平 | 阳平 | 上声 | 去声 |
| 字数 | 四声 | 161 | 146 | 94 | 136 |
| | 合计 | 537 | | | |
| 占比 | 四声 | 1.876% | 1.701% | 1.095% | 1.585% |
| | 合计 | 6.258% | | | |

## 七月一日题终明府水楼

### 唐·杜甫

高栋曾轩已自凉，秋风此日洒衣裳。

翛然欲下阴山雪，不去非无汉署香。

绝壁过云开锦绣，疏松夹水奏笙簧。

看君宜著王乔履，真赐还疑出尚方。

此诗的格式为：

仄仄平平仄仄平（韵），平平仄仄仄平平（韵）。

平平仄仄平平仄，仄仄平平仄仄平（韵）。

仄仄平平平仄仄，平平仄仄仄平平（韵）。

平平仄仄平平仄，仄仄平平仄仄平（韵）。

韵字选择：此诗用"昂韵"，韵字为"凉（liáng）、裳（cháng）、香（xiāng）、簧（huáng）、方（fāng）"。

平仄分析：此诗中的入声字有"日、欲、雪、不、绝、壁、夹"。其中"夹"今读阴平，"绝"今读阳平，为平声；"雪"今读上声，"日、欲、不、壁"今读去声，为仄声。在此诗中，"欲、不、绝、夹"处在可平可仄的位置上，"日、雪、壁"处在仄声位置上。从《平水韵》和《中华通韵》的角度看，此诗都符合律诗的平仄律。

## 南 歌 子

宋·权无染

一点檀心紫，

千重粉翅光。

蔷薇水浸淡鹅黄。

别是一般风韵断人肠。


有艳难欺雪，

无花可比香。

寻思无计与幽芳。

除是玉人清瘦道家妆。

《南歌子》的词谱为：

仄仄平平仄，

平平仄仄平（韵）。

中平中仄仄平平（韵）。

中仄中平中仄仄平平（韵）。


仄仄平平仄，

平平仄仄平（韵）。

中平中仄仄平平（韵）。

中仄中平·中仄仄平平（韵）。

韵字选择：此词用"昂韵"，韵字为"光（guāng）、黄（huáng）、肠（cháng）、香（xiāng）、芳（fāng）、妆（zhuāng）"。

平仄分析：此词中的入声字有"一、别、雪、玉"。其中"一"今读阴平，"别"今读阳平，为平声；"雪"今读上声，"玉"今读去声，为仄声。在此词中，"一"出现两次，一次出现在仄声位置上，一次出现在可平可仄的位置上；"别、玉"出现在可平可仄的位置上；"雪"出现在仄声位置上。从《词林正韵》和《中华通韵》的角度看，此词都符合《南歌子》的平仄律。

### 〔北双调·雁儿落带得胜令〕归隐

元·汪元亨

闲来无妄想，

静里多情况。

物情螳捕蝉，

世态蛇吞象。


直志定行藏，

屈指数兴亡。

湖海襟怀阔，

山林兴味长。

壶觞，

夜月松花酿；

轩窗，

秋风桂子香。

《雁儿落》的曲谱为：

中平平仄仄（韵），

中仄平平仄（韵）。

中平仄仄平，

81

中仄平平仄（韵）。

《得胜令》的曲谱为：

中仄仄平平（韵），

中仄仄平平（韵）。

中仄平平仄，

平平仄仄平（韵）。

平平（韵），

中仄平平仄（韵）；

平平（韵），

平平仄仄平（韵）。

韵字选择：此二曲用"昂韵"，韵字为"想（xiǎng）、况（kuàng）、象（xiàng）、藏（cáng）、亡（wáng）、长（cháng）、觞（shāng）、酿（niàng）、窗（chuāng）、香（xiāng）"。此二曲平仄通叶，平声韵为"藏、亡、长、觞、窗、香"，仄声韵为"想、况、象、酿"。

平仄分析：此二曲中的入声字有"物、直、屈、阔、夜、月"。其中"屈"今读阴平，"直"今读阳平，为平声；"物、阔、夜、月"今读去声，为仄声。在《中原音韵》中，"直"为"入声作平声"，"屈、阔"为"入声作上声"，"物、夜、月"为"入声作去声"。在此二曲中，"物、直、屈、夜"处在可平可仄的位置上，"阔、月"处在仄声位置上。从《中原音韵》和《中华通韵》的角度看，此二曲都符合《雁儿落》和《得胜令》的平仄律。

### 炉中煤——眷恋祖国的情绪

郭沫若

啊，我年青的女郎！

我不辜负你的殷勤，

你也不要辜负了我的思量。

我为我心爱的人儿

燃到了这般模样！

啊，我年青的女郎！

你该知道了我的前身？

你该不嫌我黑奴卤莽？

　　要我这黑奴的胸中，

　　才有火一样的心肠。

啊，我年青的女郎！

我想我的前身

原本是有用的栋梁，

　　我活埋在地底多年，

　　到今朝才得重见天光。

啊，我年青的女郎！

我自从重见天光，

我常常思念我的故乡，

　　我为我心爱的人儿

　　燃到了这般模样！

　　此诗押"昂韵"，韵字为"郎（láng）、量（liáng）、样（yàng）、郎（láng）、莽（mǎng）、肠（cháng）、郎（láng）、梁（liáng）、光（guāng）、郎（láng）、光（guāng）、乡（xiāng）、样（yàng）"。

## 重　量

韩瀚

她把带血的头颅，

放在生命的天平上，

让所有的苟活者，

都失去了

　　——重量。

此诗押"昂韵",韵字为"上(shàng)、量(liàng)"。

## 十四、英韵

| 韵基 | eng | | | |
|---|---|---|---|---|
| 韵母 | eng、ing、ueng | | | |
| 声调 | 阴平 | 阳平 | 上声 | 去声 |
| 字数 四声 | 169 | 198 | 84 | 112 |
| 字数 合计 | 563 | | | |
| 占比 四声 | 1.969% | 2.307% | 0.979% | 1.305% |
| 占比 合计 | 6.561% | | | |

### 秋 雨

唐·温庭筠

云满鸟行灭,池凉龙气腥。

斜飘看棋簟,疏洒望山亭。

细响鸣林叶,圆文破沼萍。

秋阴杳无际,平野但冥冥。

此诗的格式为:

仄仄平平仄,平平仄仄平(韵)。

平平平仄仄,仄仄仄平平(韵)。

仄仄平平仄,平平仄仄平(韵)。

平平平仄仄,仄仄仄平平(韵)。

韵字选择:此诗用"英韵",韵字为"腥(xīng)、亭(tíng)、萍(píng)、冥(míng)"。

平仄分析:此诗中只有一个入声字"叶",今读去声,为仄声,在诗中处在仄声位置上。从《平水韵》和《中华通韵》的角度看,此诗都符合律诗的平仄律。

### 亭 前 柳

宋·朱雍

养就玄霜囤，问东君、曾放瑶英。

回首蓝桥路，遍琼城。

横斜影，照人明。


飘香信、玉溪仙佩晚，

同新月、步入西清。

冰质枝头袅，更轻盈。

分春色，赠双成。

《亭前柳》的词谱为：

仄仄平平仄，仄平中、中仄平平（韵）。

平仄平平仄，仄平平（韵）。

平中仄，仄平平（韵）。


平中仄、中平平仄仄，

中平中、中仄平平（韵）。

平仄平平仄，仄平平（韵）。

中中仄，仄平平（韵）。

韵字选择：此词用"英韵"，韵字为"英（yīng）、城（chéng）、明（míng）、清（qīng）、盈（yíng）、成（chéng）"。

平仄分析：此词中的入声字有"玉、月、入、质、色"，五字今读都是去声，为仄声。在此词中，"玉、月"处在可平可仄的位置上，"入、质、色"处在仄声位置上。从《词林正韵》和《中华通韵》的角度看，此词都符合《亭前柳》的平仄律。

### 〔北中吕·红绣鞋〕阅世

元·宋方壶

短命的偏逢薄幸，

老成的偏遇真成，

无情的休想遇多情。

懵懂的怜瞌睡，

鹘伶的惜惺惺，

若要轻别人还自轻。

《北中吕·红绣鞋》的曲谱为：

中仄中平中去（韵），

中平中仄平平（韵），

中平平仄仄平平（韵）。

中平平仄仄，

中仄仄平平（韵），

中平平去平（韵）。

韵字选择：此曲用"英韵"，韵字为"幸（xìng）、成（chéng）、情（qíng）、惺（xīng）、轻（qīng）"。此曲平仄通叶，其中"幸"为仄声韵，"成、情、惺、轻"为平声韵。

平仄分析：此曲中的入声字有"薄、瞌、鹘、惜、若、别"。其中"瞌、惜"今读阴平，"薄、鹘、别"今读阳平，为平声；"若"今读去声，为仄声。在《中原音韵》中，"薄、鹘"为"入声作平声"，"惜、别"为"入声作上声"，"若"为"入声作去声"，"瞌"未收。在此曲中，"薄、鹘、别"处在可平可仄的位置上，"瞌、惜"处在仄声位置上，"若"是衬字。此曲前五句中的"的"和最后一句中的"若要轻"是衬字。

### 我 还 是 想

汪国真

你告诉我

你喜欢寂静

因为舌头多的地方

会有冰凌

关好窗子    锁住门

刮不进雨    也吹不进风


真的，也许躲避

不失为    一种聪明

但我还是想

出去走走

不是因为

我不惧怕寒冷

而是我无法忍受

大地上    没有我的身影

此诗押"英韵"，韵字为"静（jìng）、凌（líng）、风（fēng）、明（míng）、冷（lěng）、影（yǐng）"。


## 十五、雍韵


| 韵基 | ong | | | |
|---|---|---|---|---|
| 韵母 | ong、iong | | | |
| 声调 | 阴平 | 阳平 | 上声 | 去声 |
| 字数 | 四声 | 103 | 97 | 51 | 46 |
| | 合计 | 297 | | | |
| 占比 | 四声 | 1.200% | 1.130% | 0.594% | 0.536% |
| | 合计 | 3.461% | | | |

## 扈从观灯

宋·晏殊

诘旦雕舆下桂宫，盛时为乐与民同。

三千世界笙歌里，十二都城锦绣中。

行漏不能分昼夜，游人无复辨西东。

归来更坐嶕峣阙，万乐铮钹密炬红。

此诗的格式为：

仄仄平平仄仄平（韵），平平仄仄仄平平（韵）。

平平仄仄平平仄，仄仄平平仄仄平（韵）。

仄仄平平平仄仄，平平仄仄仄平平（韵）。

平平仄仄平平仄，仄仄平平仄仄平（韵）。

韵字选择：此诗用"雍韵"，韵字为"宫（gōng）、同（tóng）、中（zhōng）、东（dōng）、红（hóng）"。

平仄分析：此诗中的入声字有"诘、乐、十、不、夜、复、阙、密"。其中"诘、十"今读阳平，为平声；"乐、不、夜、复、阙、密"今读去声，为仄声。"诘、十、不、密"处在可平可仄的位置上，"夜、复、阙"和两次出现的"乐"都处在仄声位置上。从《平水韵》和《中华通韵》的角度看，此诗都符合律诗的平仄律。

## 忆 王 孙

清·曹尔堪

侍儿新沐避芳丛，

整理簪花笑语工。

为爱新晴垂柳浓。

挂帘栊，

风搅山茶满地红。

《忆王孙》的词谱为：

中平中仄仄平平（韵），

中仄平平中仄平（韵）。

中仄平平仄仄平（韵）。

仄平平（韵），

中仄平平中仄平（韵）。

韵字选择：此词用"雍韵"，韵字为"丛（cóng）、工（gōng）、浓（nóng）、栊（lóng）、红（hóng）"。

平仄分析：此词中的入声字只有"沐"，今读去声，为仄声，在此词中处在仄声位置上。从《词林正韵》和《中华通韵》的角度看，此词都符合《忆王孙》的平仄律。

〔南南吕·一剪梅〕山楼雨窗午睡

明·沈自晋

睡起如醒带醒容，

愁且忡忡，

乐且融融。

那当愁乐总填胸？

歌似无从，

哭似无踪。

《南南吕·一剪梅》的曲谱为：

中仄平平仄仄平（韵），

中仄平平（韵），

中仄平平（韵）。

中平平仄仄平平（韵），

中仄平平（韵），

中仄平平（韵）。

韵字选择：此曲用"雍韵"，韵字为"容（róng）、忡（chōng）、融（róng）、胸（xiōng）、从（cóng）、踪（zōng）"。

平仄分析：此曲中的入声字有"乐、哭"。其中"哭"今读阴平，为平声；"乐"今读去声，为仄声。在此曲中，"乐"出现两次，一次处在可平可仄的位置上，一次处在仄声位置上；"哭"处在可平可仄的位置上。从《中原音韵》和《中华通韵》的角度看，此曲都符合《南南吕·一剪梅》的平仄律。

### 桃　花

鲁迅

春雨过了，太阳又很好，随便走到园中。

桃花开在园西，李花开在园东。

我说，"好极了！桃花红，李花白。"

（没说，桃花不及李花白。）

桃花可是生了气，满面涨作"杨妃红"。

好小子！真了得！竟能气红了面孔。

我的话可并没得罪你，你怎的便涨红了面孔！

唉！花有花道理，我不懂。

此诗押"雍韵"，韵字为"中（zhōng）、东（dōng）、红（hóng）、孔（kǒng）、孔（kǒng）、懂（dǒng）"。

## 十六、儿韵

| 韵基 | | er | | | |
|---|---|---|---|---|---|
| 韵母 | | er | | | |
| 声调 | | 阴平 | 阳平 | 上声 | 去声 |
| 字数 | 四声 | 0 | 6 | 7 | 3 |
| | 合计 | 16 | | | |
| 占比 | 四声 | 0 | 0.070% | 0.082% | 0.035% |
| | 合计 | 0.186% | | | |

押儿韵的诗词曲都极为少见。例略。

## 十七、换韵、交韵、抱韵

### （一）换韵

诗词创作过程中常常会出现换韵的情况。近体诗要求一韵到底，古体诗特别是歌行体往往换韵，通常是四句一换韵；词的换韵则要依照词谱。例如：

#### 菩萨蛮·戏成

宋·王齐愈

远香风递莲湖满，
满湖莲递风香远。
光鉴试新妆，
妆新试鉴光。

棹穿花处好，
好处花穿棹。
明月咏歌清，
清歌咏月明。

《菩萨蛮》的词谱为：

中平中仄平平仄（韵），
中平中仄平平仄（韵）。
中仄仄平平（换平韵），
中平平仄平（韵）。

中平平仄仄（换仄韵），

中仄平平仄（韵）。
中仄仄平平（换平韵），
中平平仄平（韵）。

韵字选择：此词分别用了"安韵""昂韵""熬韵""英韵"："安韵"韵字为"满（mǎn）、远（yuǎn）"；"昂韵"韵字为"妆（zhuāng）、光（guāng）"；"熬韵"韵字为"好（hǎo）、棹（zhào）"；"英韵"韵字为"清（qīng）、明（míng）"。

平仄分析：此词中的入声字只有"月"，今读去声，为仄声，在词中出现两次，都处在仄声位置上。从《词林正韵》和《中华通韵》的角度看，此词都符合《菩萨蛮》的平仄律。

## 季　候

邵洵美

初见你时你给我你的心，
里面是一个春天的早晨。


再见你时你给我你的话，
说不出的是炽烈的火夏。


三次见你你给我你的手，
里面藏着个叶落的深秋。


最后见你是我做的短梦，
梦里有你还有一群冬风。

此诗先押"恩韵"，韵字为"心（xīn）、晨（chén）"；二换"啊韵"，韵字为"话（huà）、夏（xià）"；三换"欧韵"，韵字为"手（shǒu）、秋（qiū）"；四换"英韵"，韵字为"梦（mèng）、风（fēng）"。

## （二）交韵

### 老　马

卧克家

总得叫大车装个够，
它横竖不说一句话，
背上的压力往肉里扣，
它把头沉重地垂下！

这刻不知道下刻的命，
它有泪只往心里咽，
眼里飘来一道鞭影，
它抬起头望望前面。

此诗分别押"欧韵""啊韵""英韵"和"安韵"。"欧韵"韵字为"够（gòu）、扣（kòu）"，"啊韵"韵字为"话（huà）、下（xià）"，"英韵"韵字为"命（mìng）、影（yǐng）"，"安韵"韵字为"咽（yàn）、面（miàn）"。这属于"交韵"。上节是"欧韵"和"啊韵"交叉押韵，第一句和第三句押"欧韵"，第二句和第四句押"啊韵"；下节是"英韵"和"安韵"交叉押韵，第一句和第三句押"英韵"，第二句和第四句押"安韵"。

## （三）抱韵

### 断　章

卞之琳

你站在桥上看风景，
看风景人在楼上看你。

明月装饰了你的窗子，

你装饰了别人的梦。

此诗分别押"英韵"和"衣韵"。"英韵"韵字为"景（jǐng）、梦（mèng）"，"衣韵"韵字为"你（nǐ）、子（zǐ）"。这属于"抱韵"，"英韵"抱着"衣韵"。

## （四）多种用韵方式综合运用

### 虞 美 人

宋·秦观

高城望断尘如雾，

不见联骖处。

夕阳村外小湾头，

只有柳花无数送归舟。


琼枝玉树频相见，

只恨离人远。

欲将幽恨寄青楼，

争奈无情江水不西流。

《虞美人》的词谱为：

中平中仄平平仄（韵），

中仄平平仄（韵）。

中平中仄仄平平（换平韵），

中仄中平平仄仄平平（韵）。


中平中仄平平仄（换仄韵），

中仄平平仄（韵）。

中平中仄仄平平（换平韵），

中仄中平平仄仄平平（韵）。

韵字选择：此词上片前两句先用"乌韵"，韵字为"雾（wù）、处（chù）"；后两句换用"欧韵"，韵字为"头（tóu）、舟（zhōu）"。下片前两句先用"安韵"，韵字为"见（jiàn）、远（yuǎn）"；后两句又换用"欧韵"，韵字为"楼（lóu）、流（liú）"。三四句和七八句的"欧韵"又抱着五六句的"安韵"。

平仄分析：此词中的入声字有"不、夕、玉、欲"。其中的"夕"今读阴平，为平声；"不、玉、欲"今读去声，为仄声。在此词中，第一个"不"和"夕、玉、欲"三字都处在可平可仄的位置上，第二个"不"处在仄声位置上。从《词林正韵》和《中华通韵》的角度看，此词都符合《虞美人》的平仄律。

### 献给贝多芬

郑敏

人们都在痛苦里哀诉

唯有你在痛苦里生长

从一切的冲突矛盾中从不忘

将充满希望的主题灿烂导出


你的热情像天边滚来的雷响

你的声音像海底喷出的巨浪

你的心在黑暗里也看得见善良

在苦痛的洪流里永不迷失方向


随着躯体的聋黯你乃像

一座幽闭在硬壳里的火山

在不可见的深处热流旋转


于是自辽远的朦胧降临

你心中：神的宏亮的言语

霎那间千万声音合唱圣曲

此诗分别押"乌韵""昂韵""安韵"和"迁韵"。第一节是"乌韵"抱着"昂韵"，"乌韵"的韵字为"诉（sù）、出（chū）"，"昂韵"的韵字为"长（zhǎng）、忘（wàng）"。第二节押"昂韵"，韵字为"响（xiǎng）、浪（làng）、良（liáng）、向（xiàng）"。第三节换押"安韵"，韵字为"山（shān）、转（zhuǎn）"。第四节又换押"迁韵"，韵字为"语（yǔ）、曲（qǔ）"。

# 参考文献

丁声树、李荣：《古今字音对照手册》，中华书局，1981 年。

高元白：《新诗韵十道辙儿》，陕西人民出版社，1984 年。

郭锡良：《汉字古音手册（增订本）》，商务印书馆，2010 年。

湖北省荆门聂绀弩诗词研究基金会：《诗韵汇鉴》，中华书局，2020 年。

黄伯荣、廖序东：《现代汉语（增订六版）》，高等教育出版社，2017 年。

李荣：《切韵音系》，商务印书馆，2020 年。

龙榆生：《唐宋词格律》，上海古籍出版社，1978 年。

吕叔湘：《语文常谈》，生活·读书·新知三联书店，1980 年。

启功：《诗文声律论稿》，中华书局，2016 年。

秦似：《现代诗韵》，广西人民出版社，1975 年。

唐作藩：《音韵学教程（第五版）》，北京大学出版社，2016 年。

涂宗涛：《诗词曲格律纲要》，天津人民出版社，1982 年。

王力：《汉语诗律学（增订本）》，上海教育出版社，1979 年。

王力：《汉语语音史》，中国社会科学出版社，1985 年。

王力：《中国语言学史》，山西人民出版社，1981 年。

向熹：《简明汉语史（上册）》，商务印书馆，2010 年。

薛凤生：《北京音系解析》，北京语言学院出版社，1986 年。

薛凤生：《汉语音韵史十讲》，华语教学出版社，1999 年。

薛凤生：《中原音韵音位系统》，北京语言学院出版社，1990 年。

《增注中华新韵》，商务印书馆，1950 年。

赵元任：《音位标音法的多能性》（1934），载《赵元任语言学论文集》，商务印书馆，2002 年。

中华诗词编辑部：《中华新韵（十四部）》，2004 年。

《中华通韵》，语文出版社，2020 年。

# 后　记

　　从隋朝的《切韵》开始，我国历朝历代都有韵书流传至今。为了适应现代韵文的创作，2019年教育部、国家语委发布了《中华通韵》，为现代韵文创作提供了具有规范性、科学性、实用性的韵书。

　　为了使广大读者更好地理解《中华通韵》，让《中华通韵》更好地为现代韵文创作服务，教育部语信司组织编写了《〈中华通韵〉解读》（以下简称《解读》）。这本《解读》就是《中华通韵》的辅助性读物。

　　我与《中华通韵》的亲密接触是从2018年12月8日开始的。在为我们学校王亚平先生举办的"《说剑楼文集》学术研讨会"上，我被会务组安排担任中华诗词学会常务副会长范诗银先生讲座的主持人。讲座结束后，我和范诗银先生一边游览红河学院的美丽校园，一边谈论诗歌创作。话题谈到《中华通韵》，范先生给我介绍了《中华通韵》的编制构想，我为这一构想感到震惊，也深深体会到编制者的良苦用心。我也跟范先生交换了意见，后来我根据这些意见撰写了《论〈中华通韵〉15韵部的科学性》（《中华诗词》2019年第9期）。之后我受到中华诗词学会的邀请参加了《中华通韵》审定的部分活动。

　　2022年2月，我先后接到了中华诗词学会常务副会长范诗银先生和副会长林峰先生的电话，邀请我执笔编写《解读》，我受宠若惊。我虽然感到任务艰巨，很担心自己能否胜任此项重担，但两位先生的鼓励，让我感到盛情难却，便既忐忑又愉快地接受了编写任务，开始编写提纲、撰写内容，多次修改，数易其稿。

　　作为《解读》的执笔者，我深深认识到，《解读》是集体智慧的产物。

我必须对为《解读》贡献过智慧的专家和学者表示真诚的感谢!

　　首先,我应该感谢的是中华诗词学会范诗银和林峰两位副会长。我每完成一稿,都将稿子发给他们,聆听两位先生的意见,并经常打电话去叨扰两位先生。两位先生从编写思想、体例、内容到用韵例证的选择,都给了我许多建议,特别是范诗银先生从宏观到微观都提供了许多具体意见。此外两位先生还给我提供了许多有价值的资料。

　　其次,我应该感谢的是王同兴(笔名"彤星")先生。他对《中华通韵》有一些不同意见,并和我在网络上进行过论争。在论争中,我也不断提高认识,理清思路,论争促进了我的进步,提升了我的水平。为了系统地了解不同意见,我打电话给王先生索要王先生的资料。我对王先生说:虽然我们有不同意见,但都不是为了我们自己,我们是为了韵书编纂的事业,为了韵文创作的事业。王先生同意我的这一说法,并愉快地将他的资料邮寄给我,体现了老一辈学人的宽容大度。

　　再次,我应该感谢我的红河学院的几位同事。在编写《解读》的过程中,他们仔细地阅读我的书稿,并字斟句酌地为书稿提出了许多意见和建议。他们是王亚平教授(原中华诗词学会副会长)、洪波教授、王琳博士、魏婕副教授。另外,我的夫人武艾晶对书稿中的数据进行了统计和校对,也付出了她的努力。

　　最后,我应该特别感谢语文出版社。责任编辑为书稿付出了艰辛的劳动,无论是整体构架,还是具体表述,甚至标点符号,都进行了认真修改,加了无数条批注,为书稿的质量进行了最后把关。

　　本书能否真正完成"解读"的任务,还期待着广大读者的真诚评判!


　　　　　　　　　路伟　2022 年 8 月 8 日于红河学院